AF619417

EUGEN RELGIS

L'Internationale Pacifiste

Avec une Lettre et un Message
de
ROMAIN ROLLAND

ANDRÉ DELPEUCH, ÉDITEUR
51, RUE DE BABYLONE, 51.
PARIS
—
1929

L'Internationale Pacifiste

EUGEN RELGIS

L'Internationale Pacifiste

Avec une Lettre et un Message
de
ROMAIN ROLLAND

ANDRÉ DELPEUCH, ÉDITEUR
51, RUE DE BABYLONE, 51.
PARIS
—
1929

Traduit du roumain par S. PAVÈS

Œuvres de EUGEN RELGIS

POÉSIES

La Folie (Nebunia), avec 15 dessins de l'auteur, 1915.

Poésies (Poezii), 1914-1920.

PROSE

Le triomphe du Non-Etre (Triumful Neființei), fantaisies, 1913.

Soleil-Levant (Soare-Rasaro), croquis, légendes et notes japonaises, 1918.

Les mélodies du Silence (Melodiile Tăcerii), poèmes en prose, 1926.

Pérégrinations (Peregrinări), voyages européens, 1923.

Chemins en spirale (Drumuri în spirală), voyages à travers le pays, 1928.

Petru Arbore, roman : 1er vol. *Les premières aspirations* (Intâilo năzuinți) ; IIe vol. *Les sources intérieures* (Isvoarele interioare) ; IIIe vol. *Les effondrements créateurs* (Prăbusiri creatoare).

Des voix en sourdine (Glasuri în surdină), roman d'un sourd, 1927.

ESSAIS ET CRITIQUE

La littérature de la guerre et l'ère nouvelle (Literatura războiului si era nouă), 1923.

La colonne parmi les ruines (Coloana printre ruini), problèmes de conscience, 1921.

ÉTUDES SOCIALES

L'humanitarisme et l'Internationale des Intellectuels (Umanitarismul si Internationala Intelectualilor), 1922.

Les principes humanitaristes (Principiile umanitariste), éd. roumaine, 1922; éd. allemande, 1925; éd. française, (1) 1927; éd. esperanto, 1928.

Humanitarisme et Socialisme (Umanitarism si Socialism), 1925.

L'humanitarisme biblique (Umanitarismul biblic), 1926.

La Biologie de la Guerre, de Georg-Fr. Nicola- (Biologia Războiului), résumée en roumain, 1921.

EN PRÉPARATION :

Les amitiés de Petru Arbore (Prieteniile lui Petru Arbore), lettres.

L'Esprit actif (Spiritul activ), essais.

La jeune Europe (Europa cea tânărū), essais.

(1) *Les Principes humanitaristes et l'Internationale des Intellectuels*, collection « La Brochure mensuelle », nº 50, Paris, 39, rue de Bretagne.

PRÉFACE

Le pacifisme a passé de la phase sentimentale, passive, à la phase décisive de l'action. Il ne représente plus une idée vaguement idéaliste, mais un courant qui augmente sans cesse : — sa source est dans la conscience libre, volontaire, de l'individu — et il trouve son expression dans les faits accomplis avec ténacité par les nombreuses organisations pacifistes de tous les pays. Serait-il encore nécessaire de préciser que nous faisons une distinction entre le pseudo-pacifisme officiel des États — et le pacifisme actif, direct, de ceux qui méritent le nom d' « objecteurs de conscience » ?

Le problème de l'Internationale Pacifiste est d'une importance vitale pour le pacifisme mondial. Au lieu d'en faire un exposé théorique, nous avons cru préférable de le poser d'une manière vivante, tel qu'il est apparu dans les dernières manifestations pacifistes. C'est pourquoi le présent ouvrage comprend des documents qui reflètent des actions — et des débats qui, ayant eu lieu devant un Congrès international, doivent être connus par tous ceux qui luttent pour l'établissement de la paix entre les peuples et au sein de chaque nation.

E. R.

L'INTERNATIONALE PACIFISTE

Exposé à la Conférence de « l'Internationale des Résistants à la Guerre », Sonntagsberg (Autriche), 27-31 juillet 1928

Lors des débats de la Conférence de « War Resisters International », qui eut lieu à Hoddeston (Londres), en 1925, j'eus l'occasion de remarquer que tous les groupements et organisations représentés à cette Conférence ne cessaient d'affirmer leur volonté de paix. Les délégués exposèrent la situation des pays respectifs et, parlant au nom des conceptions sociales ou éthiques particulières, ils ont tous également condamné la guerre et manifesté pour le pacifisme actif. Je m'attendais donc à ce qu'une voix plus autorisée que la mienne posât finalement le problème essentiel : « Si nous sommes tous d'accord à proclamer la paix, alors où est l'Internationale Pacifiste? »

En vérité, la question de l'Internationale Pacifiste fut presque ignorée à la Conférence de 1925. C'est pourquoi je présentai, vers la fin de la Conférence, une proposition écrite dans ce sens. Il ne restait plus que quelques minutes jusqu'à la clôture des débats. Ma proposition fut annoncée par le Bureau de la Conférence — et publiée ensuite *in-extenso* dans la brochure qui comprend les rapports sur la Conférence de Hoddeston (1).

Je reprends maintenant ce problème essentiel, que j'exposerai en peu de mots, mais avec fermeté, convaincu que cette question doit être résolue de commun accord à cette Conférence de Sonntagsberg.

*
* *

Il existe une loi cosmique et biologique que nous pourrions dénommer : *la tendance vers l'unité*. Cette tendance maintient la cohésion des innombrables manifestations individuelles. Voilà une vérité élémentaire, mais

(1) Voir l'annexe A.

très souvent oubliée, surtout dans le domaine social. Chaque individualité sociale — politique, nationale, économique, éthique, culturelle — tend à se considérer plutôt centre de l'univers que partie intégrante d'un organisme supraordonné. Cette tendance, contraire à la loi de l'unité, est surnommée par les biologues : *gigantanasie* — c'est-à-dire tendance de croissance illimitée. Mais la gigantanasie mène à la disparition brusque : — par catastrophes dans le domaine de la nature, par guerres et révolutions dans le domaine humain.

La guerre moderne autant que le capitalisme sont sujets à la gigantanasie. Arrivée au maximum de développement, la guerre ne peut tarder à avoir le sort de certaine grenouille de la fable. La guerre moderne représente la négation de cette tendance vers l'unité, que l'humanité affirme par sa solidarité professionnelle et son progrès technique, par ses collaborations culturelles et scientifiques, par ses échanges économiques, — par l'ininterrompue osmose et endosmose de ses produits matériels et spirituels. Le pacifisme et l'internationalisme sont donc l'expression de cette tendance vers l'unité. Le pacifisme ne peut être positif que s'il devient international : — c'est ce que nous devons mentionner, car certains pacifistes se maintiennent dans le cadre national. C'est une situation fausse, car les pacifistes nationaux ne savent pas faire le geste du refus quand sonne la mobilisation des armées.

Voilà pourquoi se pose le problème de l'Internationale Pacifiste à cette Conférence des groupements pacifistes de gauche. Contre le soi-disant pacifisme national proclamé par certains gouvernements, par certains diplomates qui parlent bien, et par différentes organisations qui désirent la paix, mais la demandent au... ministre de la guerre (voir le cas Marc Sangnier-Painlevé au Congrès de Bierville, 1927) — contre le pacifisme prudent ou hypocrite, nous devons affirmer le pacifisme actif d'une Internationale formée par tous les groupements d'avant-garde.

L'Internationale du Prolétariat lutte contre le capitalisme — et c'est contre la guerre qu'il faut élever l'Internationale Pacifiste. Les éléments de cette Internationale existent déjà. Quarante groupements appartenant à vingt Etats étaient représentés à la dernière Conférence de « War Resisters International ». Le nombre s'en est encore accru ici, à Sonntagsberg. Inutile d'étudier la composition de chaque groupement. Nous trouverons ici socialistes et individualistes, socialistes révolutionnaires et socialistes religieux, anarcho-communistes et chrétiens a-politiques : Tolstoïens, adventistes, baptistes, catholiques... Les uns se déclarent anti-militaristes, d'autres réfractaires; nous rencontrerons des missionnaires de la fraternité entre les classes et de réconciliation entre les anciens belligérants. Les uns représentent la jeunesse, d'autres les travailleurs, les intellectuels ou les femmes. Il y en a qui parlent au nom de certaines associations éthiques ou culturelles...

Cette diversité impressionnante est tout à fait naturelle. Sa variété est elle aussi une loi de la vie comme l'unité. Elle est l'expression de la liberté. Mais cette liberté de l'individu et des groupements sociaux doit se rendre compte de ses propres limites dans le cadre des intérêts généraux et permanents du même organisme supraordonné qu'est l'humanité. Donc, *l'unité par la variété.* — C'est par la libre manifestation de tous les groupements pacifistes, basés sur différentes conceptions sociales et éthiques, que nous arriverons à l'affirmation unitaire de l'Internationale Pacifiste. Tous les groupements représentés à Sonntagsberg désirent la paix; tous, sûrement, rejettent la violence comme méthode de résolution des problèmes nationaux et économiques; tous croient au postulat individuel, car le pacifisme réside dans la conscience, dans la pratique personnelle. Je me permets d'affirmer que, malgré le désir de chaque groupement de défendre sa conception sociale, économique et éthique, aucun ne proclamera sa conception comme dogme infaillible, car tout dogme implique l'intolérance dans le domaine moral et l'emploi de la force dans le domaine social.

Tout en respectant le mode de manifestation de chaque groupement pacifiste, nous considérons chacun comme un organe qui remplit une fonction spéciale. Pour harmoniser leurs tendances, ces organes devraient former l'unité d'un organisme. En gardant leurs individualités et leurs autonomies, ces groupements doivent se fédéraliser et former l'Internationale Pacifiste.

Voilà le problème que je pose — et auquel j'exige une réponse. Est-il possible de proclamer l'Internationale Pacifiste ici même, à cette Conférence de Sonntagsberg? Je pense fermement que c'est possible. C'est d'autant plus facile, que l'Internationale Pacifiste existe déjà à l'état embryonnaire. Au lieu de chercher une forme nouvelle, tâchons de vivifier une forme existante.

Je pense que *War Resisters International* (l'Internationale des Résistants à la Guerre) peut être considérée comme le noyau de l'Internationale Pacifiste. De tous les groupements représentés ici, « War Resisters International » possède l'avantage de ne pas être établie sur certains problèmes sociaux et économiques, ni d'émerger d'une éthique ou d'une méthode particulières. C'est une internationale neutre — et l'axe de son action est une déclaration simple, mais bien précise que nous pouvons tous approuver sans réserve aucune. Nous connaissons tous cette déclaration : « *La guerre est un crime contre l'humanité. En conséquence, nous sommes déterminés à ne donner notre appui à aucune sorte de guerre, et à lutter pour la suppression de toutes les causes de guerre.* »

Cette déclaration à laquelle un clairvoyant comme Romain Rolland donna sa pleine adhésion (1), laisse à chacun la liberté de lutter d'après sa propre conception et méthode, pour un seul grand but : **la paix** entre les peuples et parmi les différentes catégories sociales de chaque peuple. « War Resisters International » présente encore l'avantage d'avoir accepté comme affiliées et adhérentes un nombre d'organisations pacifistes, auprès de ses propres sections de différents pays. Le fait d'avoir reconnu cette situation nous incite à travailler sans cesse pour que la « War Resisters International » devienne l'Internationale Pacifiste suprême.

La fédéralisation de tous les groupements

(1) Voir l'annexe B.

pacifistes en une seule grande Internationale Pacifiste, sous les auspices de « War Resisters International », fera surgir quelques problèmes nouveaux. Pour le moment nous ne pouvons indiquer que le suivant : Une Internationale Pacifiste a besoin d'un principe central, servant de guide. Ce principe est contenu dans la déclaration citée plus haut. Cette déclaration sera développée par la force des choses et deviendra une doctrine universellement valable : — *une doctrine basée sur les intérêts et idéaux généraux et permanents de l'humanité.*

Une doctrine est *chose différente* d'un dogme. L'Internationale du Prolétariat affirme le dogme du matérialisme historique, qui synthétise l'évolution de la *société* humaine considérée du point de vue économique seulement. Les pacifistes de gauche reconnaissent le socialisme comme forme d'évolution sociale. Mais le socialisme ne résout pas tous les problèmes humains (c'est ce que j'ai tâché de démontrer dans plusieurs de mes écrits sur l'Humanitarisme et l'Internationale des Intellectuels). La victoire socialiste n'est pas synonyme de la victoire pacifiste. Le dualisme absolu du socialisme : exploiteurs et exploités, n'explique pas tout. Le socialisme est un idéal temporaire et non un idéal définitif. La lutte entre les peuples menace d'être remplacée par la lutte des classes. La guerre a commencé à être remplacée par la révolution. Ainsi, l'humanité reste déchirée en deux : exploiteurs et exploités, et ces derniers s'entre-déchirent en différents camps antagonistes.

Nous voulons la paix intégrale. La paix entre les peuples, mais aussi la paix entre les catégories sociales. Nous condamnons la guerre, mais nous condamnons aussi la révolution, parce que nous sommes contre toute violence politique et contre toute intolérance morale et spirituelle. C'est pourquoi nous pensons inclure le socialisme dans une doctrine plus large et que nous nommons HUMANITARISME, — doctrine que nous avons essayé d'exposer dans plusieurs volumes publiés entre les années 1922-1926. Ce n'est pas le lieu de résumer ici cette doctrine, mais je tiens à préciser que l'humanitarisme n'est pas une simple notion sentimentale, mais bien une conception positive, réaliste, formée par divers éléments biologiques, économiques, techniques, culturaux, etc. L'humanitarisme comprend toutes les dates de la vie planétaire de l'humanité, par rapport à ses intérêts, mais aussi à ses idéaux permanents et généraux. Au sein de l'humanitarisme, socialisme et individualisme, science et religion, éthique et esthétique peuvent s'harmoniser sur la base de la liberté et de l'aide mutuelle.

Comme expression pratique de l'humanitarisme, nous trouvons absolument nécessaire la création d'une Internationale des Intellectuels. Par rapport à l'Internationale du Prolétariat, l'Internationale des Intellectuels est comme le système nerveux par rapport au reste de l'organisme. Au milieu du tourbillon des passions guerrières et révolutionnaires, elle a la mision de veiller. Elle est *a*-politique et même *anti*-politique. En plus, l'Internationale des Intellectuels a la mission de guider l'évolution intérieure de l'homme, changeant sa mentalité de violence et d'intolérance. Si les prolétaires commencent à préparer l'ère socialiste, les intellectuels doivent préparer l'ère spirituelle. L'esprit ne peut être développé que dans les jardins de la paix. L'humanitarisme est la doctrine naturelle de l'Internationale des Intellectuels. Ma conviction est que l'Internationale des Intellectuels se confond, s'identifie avec l'Internationale Pacifiste; ce ne sont que deux dénominations pour une seule réalité. L'Internationale Pacifiste est basée elle aussi sur l'humanitarisme. Son but est : l'évolution civilisatrice. Sa méthode est en même temps individuelle et collective. Elle s'applique autant aux consciences personnelles qu'aux groupements qui, tout en gardant leur indépendance, luttent pour le même but suprême.

Les éléments de l'Internationale des Intellectuels existent; ce sont les mêmes que ceux qui pourraient former l'Internationale Pacifiste. En 1919 le groupe « Clarté » promettait de devenir le centre de l'Internationale des Intellectuels. Mais son affiliation à la IIIe Internationale détruisit cet espoir. Aujourd'hui, « War Resisters International », qui garde sa neutralité politique, est le centre autour duquel on pourrait former l'Internationale Pacifiste. — Deux autres essais pour l'Internationale des Intellectuels sont dignes d'être rappelés ici. C'est la *Déclaration d'indépendance de l'Esprit*, lancée par Romain Rolland en 1919, et qui peut se résumer en un seul mot : *Pan-humanisme*. Ensuite, l'*Appel aux Européens*, lancé par Georg-Fr. Nicolaï en 1914 comme réponse au fameux manifeste des « 93 ». Cet appel proclama l'*Européisme*, qui est une échelle d'évolution vers le pan-humanisme, c'est-à-dire vers l'humanitarisme intégral. Ces deux Appels ont eu un grand retentissement moral; on a eu à enregistrer des centaines d'adhésions de la part des plus importants représentants de la culture universelle. Mais l'Internationale des Intellectuels ne s'est pas encore formée, bien que ses divers organes existent, éparpillés parmi les pays occidentaux d'Europe.

Aujourd'hui, à cette Conférence où sont représentés plus de 40 groupements pacifistes du monde entier, je trouve le moment extrêmement favorable de commencer à organiser cette Internationale des Intellectuels sous forme d'Internationale Pacifiste, sous les auspices de la « War Resisters International ». Je fais appel de tout mon cœur aux leaders de la « War Resisters International » et aux délégués de chaque groupement pacifiste, d'accorder toute leur attention au vital problème du pacifisme mondial.

Je pense qu'il y aura la possibilité de décider dès maintenant sur la nécessité d'une Internationale Pacifiste, qui aura comme noyau la « War Resisters International » (1). Cette décision sera suivie par différentes délibérations, pendant lesquelles on établira les principes de l'Internationale Pacifiste. Je suis convaincu qu'en tout cas ces principes correspondront aux principes humanitaristes. Un congrès spécial, préparé par le Comité international de la « War Resisters International », consacrera l'Internationale Pacifiste. Ainsi, celle-ci pourra mener sa lutte immen-

(1) Voir l'annexe C, concernant les pourparlers en cours.

se, guidée par la volonté lucide et unitaire de réaliser définitivement la paix et de faire régner l'humanité dans les cœurs des hommes.

Eugen Relgis.

MESSAGE DE ROMAIN ROLLAND

à la Conférence de Sonntagsberg

Villeneuve (Suisse), 24 juillet 1928.

Monsieur le Président,

J'adresse l'expression de ma fraternelle sympathie à tous les participants à la Conférence de Sonntagsberg.

Je crois le moment venu de fédéraliser tous les groupements d'opposants à la guerre en une Internationale de la paix. *Le fait capital de ces quinze dernières années a été l'étroit contact établi, par la guerre mondiale elle-même, entre les consciences opprimées de tous les pays de la terre. Il est temps de les consolider et d'opposer leur bloc aux menaces toujours imminentes d'un nouveau fléau. Je ne me fie nullement à la disparition « brusque et prochaine de la guerre, par gigantanasie », comme la prophétisent nos amis Eug. Relgis et le prof. G. Nicolaï. La guerre, armée de moyens nouveaux et gigantesques, risque de ne disparaître qu'après avoir fait disparaître l'humanité.*

L'humanité est en danger. *Qu'elle organise sa défense!*

Laissons de côté tout ce qui nous sépare, toutes nos nuances de pensées, politiques, sociales, religieuses, philosophiques! Il ne s'agit pas, en ce moment, d'élaborer une doctrine unique, pour l'imposer à l'assentiment de la fédération. Toute doctrine — scientifique ou religieuse — est sujette à discussions. En voulant trop strictement fonder l'unité des esprits, elle la détruit.

Il s'agit pour nous, à cette heure, de faire, dans le monde entier, front unique contre la guerre. Décrétons la résistance, l'opposition, le refus — le « Non! » *absolu — à la guerre!*

Que si nous avons besoin d'un principe central sur lequel appuyer notre action, il suffit de celui de la solidarité et de l'entr'aide — je dirai : de la communion entre tous les vivants. — *C'est là un sentiment clair.*

immédiat. Et si les uns ou les autres, nous pouvons le faire dériver d'une croyance différente — (que ce soit la foi en un Père Divin, dont nous sommes tous les enfants, — ou le monisme scientifique) — pour nous tous, il s'impose avec l'évidence impérieuse d'un impératif catégorique.

Unissons toutes les forces spirituelles de la Vie contre les forces de la Mort!

A vous tous, de cœur.

Romain ROLLAND.

RÉPONSE DE ROMAIN ROLLAND
à l'exposé de Eugen Relgis

Villeneuve (Suisse), 24 juillet 1928.

Cher Eugen Relgis,

J'ai envoyé quelques mots au Président de la Conférence de Sonntagsberg.

J'ai lu avec grand intérêt votre noble exposé, et je vous le retourne ci-inclus.

Je suis d'accord avec vous, pour la fédéralisation immédiate de tous les groupements d'opposants à la guerre en une Internationale de la Paix.

Mais je ne crois pas opportun d'essayer de la fonder maintenant sur une doctrine unique, — toujours sujette à discussions, et capable de faire surgir des conflits entre les divers groupements de la Conférence. Entièrement absorbé, en ce moment, dans une œuvre de pensée universaliste, qui prend tout mon effort, je ne puis, comme je le voudrais, discuter cette question avec vous. Je m'en explique d'ailleurs, en quelques mots, dans ma lettre au Président de la Conférence.

Permettez-moi seulement (sans entrer dans l'essentiel du problème), de faire toutes réserves sur le mot (sinon la chose) d' « humanitarisme », *dont vous faites votre drapeau. Il est impossible, en bon français, de le séparer d'une acception sentimentale péjorative. C'est faire tort à la cause qu'en faire emploi pour la désigner. Il m'est impossible de l'accepter. Il faut — au moins en français — trouver, forger un mot nouveau.*

D'autre part, je ne suis pas d'accord avec vous, quand vous écrivez :

« Nous condamnons la révolution, parce que nous sommes contre toute violence... »

Non, je ne condamne pas la révolution. Je crois la révolution, aussi bien que l'évolution, une forme nécessaire et fatale de développement humain : c'est la « Variation brusque » *de De Vries — c'est une loi, non définie encore, mais auguste et élémentaire. Révolution n'est point nécessairement syno-*

nyme de brutalité cruelle. Elle peut être une explosion d'enthousiasme et d'amour. Telle fut, au début, la Révolution de 1789. Si elle dégénéra en Terreur, il n'y avait là rien de fatal, mais manque fortuit d'intelligence politique et sociale, erreurs criminelles d'une royauté faible jusqu'à la trahison et d'une démagogie issue de la non-maturité du peuple et de la carence de vrais chefs. Mais la révolution est un tempo, *presque inévitable, de la symphonie de l'histoire. Et il ne faut en nier ni la grandeur, ni même le bienfait!*

Excusez la hâte de ce mot, et veuillez croire, cher Eugen Relgis, à ma cordiale estime et sympathie.

Romain Rolland.

LETTRE OUVERTE A ROMAIN ROLLAND

Réponse de Eugen Relgis à la lettre du 24 juillet 1928 et au Message à la Conférence de l' « Internationale des Résistants à la Guerre », de Sonntagsberg (Autriche), 27-31 juillet 1928.

Bucarest, le 25 août 1928.

Cher Maître,

Lorsque, dix jours avant d'en donner lecture à la Conférence de Sonntagsberg, je vous ai envoyé le texte de mon exposé sur l'Internationale Pacifiste, je me suis dit :

« Même si Romain Rolland était empêché de répondre, je me sentirai tout près de lui — de sa raison, de son inspiration et surtout de son esprit régénérateur. Celui qui a voulu pénétrer le sens de la vie et de l'œuvre de Romain Rolland, a dû, avant tout, apprendre l'alphabet de la sincérité : — de la liberté et de la communion des âmes ».

Je savais que vos véritables amis respectent votre refuge sur les hauteurs alpestres. Vous avez surabondamment rempli vos devoirs de « citoyen du monde » pendant les années tragiques 1914-1918. Vous avez plané « au-dessus de la mêlée » sanglante. Mais vous avez plongé dans le tourbillon des destinées humaines — et vos avertissements, comme vos appels, gardent leur écho, avec la persistance que seules les vérités essentielles de la vie peuvent posséder.

Pourtant, le combattant pour plus d'humanité, a son propre destin. « Serviteur de l'Esprit », il a des devoirs supérieurs aux contingences sociales : — des devoirs à l'égard de sa conscience, à l'égard de son monde intérieur. La cosmogonie spirituelle est le domaine naturel du Sage — et les questions qui l'obsèdent dans les dernières années de son existence terrestre, ne peuvent trouver de réponse que dans les grands recueillements. — Recueillements que les uns nomment divins, mais qui sont, en tout état de cause, une communion avec les réalités inaltérables de l'universelle création...

C'est pourquoi j'ai tressailli lorsque, dans votre lettre du 24 juillet, j'ai lu ces simples mots : « Entièrement absorbé, en ce moment, dans une œuvre de pensée universaliste, qui prend tout mon effort, je ne puis, comme je le voudrais, discuter cette question avec vous »... Vous avez confirmé mon appréhension de vous troubler dans vos heures de *suprême prière*. Permettez-moi d'employer ces deux mots, dont le sens est altéré par tant de pratiques vulgaires. Oui, votre prière laïque, dans ces années où le corps éprouve constamment qu'il approche du seuil du Grand Mystère, est la création la plus haute de l'âme et de la pensée humaines. C'est alors que se réalisent ces œuvres testamentaires, — ces fruits de tous les fruits, qui enrichissent l'indestructible trésor de l'Esprit. Excusez-moi de vous faire l'aveu de ces réflexions : — je sais que celui qui vraiment affronte les précipices et les cimes de la Vie, affronte en même temps la Mort, qui a les mêmes gouffres et les mêmes sommets. Car, ce dualisme ne se résout que dans la fatalité de l'Unité.

Une pure lumière (un cœur éprouvé et un cerveau bien trempé) brille sur les hauteurs, entre ciel et terre, entre le réel et l'idéal. *Quelqu'un* veille sur l'homme ; quelqu'un s'efforce, dans le grand examen de son existence, de préparer — avec d'autres Solitaires — la règle morale, le chemin épineux mais toujours ascendant, qui mène des marais ensanglantés de la vie sociale vers les cimes ensoleillées de la conscience universelle...

*
* *

De ces sanglants marais de la vie sociale je me suis adressé à vous, vous demandant pour la Conférence de Sonntagsberg un message en faveur de l'Internationale Pacifiste. Vous n'avez point tardé à me répondre et H. Runham-Brown — l'actif secrétaire du « War Resisters International » — m'a confié votre message pour en donner lecture aussitôt après avoir fait mon exposé. J'ai soudainement senti peser un immense fardeau sur mes épaules, jeunes encore. Et pourtant, il y a dix années depuis que je me préparais pour cette heure, où, devant 140 délégués venus de presque tous les pays d'Europe, et aussi d'Amérique, d'Asie et d'Australie, j'avais à laisser tomber des paroles lourdes comme un serment, palpitantes comme des cœurs remplis à la fois de souffrance et d'espoir.

Presque toutes les organisations pacifistes de gauche y étaient représentées. Les pacifistes de droite n'y manquaient pas. Chacun avait sa conception sociale, sa méthode d'action, déterminée par les circonstances locales. La plupart des organisations, à peine surgies après la Grande Guerre, se trouvent dans cette phase de croissance dans des cadres propres, parfois même nationaux : c'est l'égoïsme assez naturel de la jeune pousse qui veut se faire prospérer soi-même, ignorant sa solidarité avec la forêt séculaire.

Pourtant, à mesure que je développais mon exposé, j'ai observé l'attention tantôt charmée, tantôt perplexe, mais toujours soutenue, des auditeurs. Engagés dans le combat pour la paix sur tant de terrains, les délégués ont senti que le « problème » que je posais correspondait à une réalité vaste comme la planète — et que l'idée de l'Internationale Pacifiste, composée de tous les groupements d'opposants à la guerre (idée simple comme l'œuf de Colomb !) devait être accueillie tout entière — et qu'on en devait poursuivre la réalisation, quelles que puissent être les objections théoriques ou les intérêts secondaires de la tactique, inhérents à chaque groupement. J'ai développé mes arguments, tout en sentant la *muette réplique* de tant d'autres conceptions, lesquelles ont toutes pourtant quelque commune frontière. Nous avons tous retenu, dans notre subconscient, « toutes nos nuances de pensées, politiques, sociales, religieuses, philosophiques », — comme le dit votre Message, parce que nous avons senti à cette heure vraiment solennelle qu'au-dessus de nous plane l'impératif de l'unité humaine, le murmure multiple des destinées des hommes qui demandent à être affranchis du blasphème de Caïn.

Oui ! l'on a décrété alors « la résistance

l'opposition, le refus — le « NON! » absolu — à la guerre!» Vous savez que ceux qui se sont assemblés à Sonntagsberg ne sont pas des pacifistes en paroles. La plupart d'entre eux sont de vivants témoignages de ce « *Non!* » absolu. Ils ont croupi dans des prisons pour leur refus de tuer (et combien ont été mis à mort pour n'avoir pas voulu occire!) — et chacun d'entre eux se trouve à la tête d'un groupement d'opposants actifs à la guerre. Ils existent par milliers ces *Conscientious Objectors;* l'on peut compter par centaines de mille et par millions ceux qui sont effectivement prêts à refuser l'assassinat collectif. Seul la « War Resisters International », par exemple, compte un demi-million de membres répartis dans les 40 sections qu'elle possède en 21 pays.

Si la « grande presse » publiait les *actions* pacifiques, elle arriverait à submerger les discours des diplomates et les *intentions* pacifiques des hommes d'État. Le pacifisme libre, volontaire, *individuel* — devient de plus en plus une formidable réalité, opposée à l'autre réalité : celle de la guerre, cachée dans les arsenaux, les casernes, les banques et même dans les écoles et les églises. Le pacifisme augmente comme puissance consciente, parce que « *l'humanité est en danger* ». Votre avertissement a retenti comme un cri d'inquiétude de chacun de nous. Vous demandez que l'humanité organise sa propre défense. Nous avons senti, nous avons vu que cette défense a commencé : ceux qui écoutaient votre Message sont les organisateurs de la défense de l'humanité, ce sont les vrais forgeurs de la paix. C'est pourquoi ils ont reconnu que le moment est venu « de fédéraliser tous les groupements d'opposants à la guerre en une *Internationale de la Paix* ». Leur acclamation spontanée, simple et ferme, a consacré cette Internationale.

Car, ainsi que je l'ai dit dans mon exposé, cette Internationale Pacifiste existe d'ores et déjà — et pas seulement à l'état embryonnaire. Même ses organes existent tous et sont plus ou moins développés. Lorsque tous ces organes seront harmonieusement fondus dans l'unité vivante d'un organisme conscient de son rôle et de ses moyens de combat, — lorsque l'Internationale Pacifiste aura réalisé le front planétaire contre *toutes* les causes de conflits, contre *tous* les genres de guerre, c'est alors seulement que nous pourrons dire que l'homme devient le maître de sa vie sociale et que l'humanité passera de l'époque de la civilisation mécanique destructrice à l'ère définitive du travail et de la science créatrice...

*
* *

Si mon optimisme était purement sentimental, j'arrêterais ma lettre à cette reconnaissance de l'Internationale Pacifiste. Reconnaissance de principe, avec de premières réalisations pratiques (1). Dans les discussions personnelles que j'ai eues, après mon exposé,

(1) Le nouveau Comité international de la « War Resisters International », pour les années 1928-1930 a témoigné d'une active compréhension de l'Internationale Pacifiste. Il se compose de : A. Fenner Brockway, président ; Dr Helène Stöcker (Allemagne), Prof. Pierre Doyen (France), Premysl Pitter (Tchéco-Slovaquie), Olga Misar (Autriche), Jo. Meijer (Hollande), Allan Degerman (Suède), Harold F. Bing (Angleterre), Elinor Byrns (U. S. A.), Valentin

avec plusieurs délégués à la Conférence de Sonntagsberg — secrétaires de diverses organisations — de nouveaux problèmes ont surgi, en étroit rapport avec la révolution, la lutte des classes, la non-violence, l'anti-militarisme, l'anti-étatisme... Les conceptions spécifiques, depuis le socialisme et le communisme, jusqu'à l'anarchie et au solidarisme économique ou religieux, ont apparu dans ces discussions personnelles (comme dans les discussions générales des séances) comme tout autant de rochers en travers du chemin de l'impétueux torrent. Couverts par les hautes vagues du commun idéal, ces rochers ont de nouveau montré leurs pointes et se sont réciproquement affrontés. Et tout cela de façon naturelle, chacun ayant sa structure, sa base et sa raison d'être. Mais tous les groupements représentés à Sonntagsberg ont

Bulgakov (Russie). Secrétaires : H. Runham Brown et Martha Steinitz.

La résolution en faveur de l'Internationale Pacifiste devra mener à la constitution d'une Commission spéciale, qui travaillera exclusivement et sans répit dans cette direction. (Voir l'Annexe C concernant les pourparlers en cours.)

su se respecter mutuellement : chacun a affirmé son autonomie, sa méthode de travail, mais tous ont proclamé un même but : la paix entre les peuples, la paix au sein de chaque peuple, la paix de l'humanité.

Il ne m'est pas possible d'exposer ici toutes les thèses discutées. Elles sont publiées dans une brochure, par le Bureau de la Conférence (1). Votre réponse à mon exposé, après la reconnaissance de l'Internationale de la Paix, comprend quelques objections et quelques réserves, les unes catégoriques, les autres nuancées. L'écho de ces objections et de ces réserves s'est répercuté aussi dans votre Message, que j'ai lu avec toute la loyauté et l'objectivité d'un homme qui considère le dogmatisme comme la plus affreuse des maladies. Dans le domaine social, l'absolu est synonyme d'intolérance, de fanatisme, d'inquisition — d'oppression

(1) « W. R. I. » a publié jusqu'à présent : *Les Résistants contre la Guerre dans le monde* (en édition anglaise, allemande, française et espéranto), comprenant les débats de la Conférence de Hoddeston (Londres), 1925. — et *War Resisters in many Lands* (Conférence de Sonntagsberg, 1928).

morale et physique. Chaque mot de mon exposé a été écrit et lu (m'est-il permis de le dire?) avec un seul souci : celui d'éviter toute contrainte, même idéologique. Je me suis constamment efforcé de respecter la liberté spirituelle, en tenant compte des réalités sociales immédiates, mais aussi des idéals et des intérêts généraux et permanents de l'humanité.

J'ose vous dire que votre réponse a eu pour moi la même essentielle importance que la réponse que Tolstoï vous a adressée, en 1887, à votre lettre en faveur de l'art et de la science. Bien que les questions soient différentes, elles ont au fond la même signification. Lorsque Tolstoï a renié l'art et la science pour proclamer la prééminence de la morale, vous lui avez écrit avec ce généreux élan, jailli de votre douleur de voir condamnées les convictions les plus chères de votre génération — et de la civilisation européenne occidentale. Avec le même respect et le même amour avec lesquels vous avez combattu quelques-uns des jugements et des appréciations du prophète de Jasnaïa-Poliana, je réponds maintenant aux objections et aux réserves de la lettre que vous m'avez envoyée et du Message que vous avez adressé à la Conférence de Sonntagsberg.

I

LE MOT « HUMANITARISME »

Je suis forcé de commencer la discussion en précisant le sens de ce mot « dont vous faites votre drapeau », comme vous me l'avez écrit (1). Lorsque je vous ai envoyé mon exposé sur l'Internationale Pacifiste, je savais que les passages relatifs à l'humanitarisme allaient rencontrer non seulement des réserves, mais aussi des critiques de votre part. Je le savais d'abord de par votre silence : vous n'aviez pas répondu à ma lettre du 21 juin 1923, par laquelle je sollicitais votre attention pour le manuscrit français de mon volume : « *L'humanitarisme et l'Internationale des Intellectuels* », paru en 1922, en édition roumaine, avec une préface du professeur Georg-Fr. Nicolaï. De même est

(1) Le 24 juillet 1928.

resté sans réponse de votre part « *l'Appel aux Intellectuels libres et aux Travailleurs éclairés* », lancé au nom du « Premier Groupe Humanitariste ». L'édition française de l'*Appel* a été répandue par l'entremise de la « Fédération Internationale des Arts, des Lettres et des Sciences » *(F. I. A. L. S.)* de Paris, en avril 1923. Cet *Appel* (1), auquel étaient également annexés « *Les Principes humanitaristes* », contenait des explications sur le sens du mot « humanitarisme ».

Dans le IIIe volume de « *L'Ame enchantée* (2) il m'a semblé trouver une réplique indirecte. Annette (cette sœur d'esprit de Jean-Christophe (3) dit à son fils Marc :

« — Mon petit, tu ne crois pas en l'humanité (tu me l'as dit cent fois!)... Pourquoi

(1) Publié d'abord comme annexe à l'*Esope*-l'organe de la F. I. A. L. S. (Paris, n° 12, de mai 1923), réimprimé ensuite en français avec *Les Principes humanitaristes*, comme feuille volante (Bucarest, janvier 1924).

(2) *Mère et Fils* (2 vol.). Vol. II, page 240, édition Albin Michel, Paris, 1927.

(3) J'ai esquissé ce parallélisme dans un feuilleton de l' « Adevarul literar si artistic » *(Vérité litt. et art.)*, Bucarest, 20-mars 1927.

parles-tu maintenant de te sacrifier pour elle? N'as-tu pas souvent raillé ma foi en elle, — ma pauvre foi, qui a reçu tant de soufflets qu'elle n'est plus aujourd'hui très fière ni très sûre de soi?... »

Marc, l'adolescent qui n'a pas encore trouvé sa voie dans la vie, attiré par les négations ou élancé vers les chimères, répond :

« Pardon!... Je ne t'ai point raillée, toi! Quoi que tu croies, tu es, pour moi, au-dessus de ce que tu crois... Mais, c'est vrai, je n'aime point cet « humanitarisme » et cette « humanité », toutes ces bourdes creuses, ces idéologies, ces illusions de mots. Je vois les hommes, les hommes, de grands troupeaux qui errent, qui se serrent, qui se choquent, qui vont à droite, à gauche, en avant, en arrière, et soulèvent sous leurs pieds la poussière des idées. Je vois, dans la vie, dans la leur, dans la nôtre, dans celle de l'univers, une tragi-comédie, dont le dénouement n'a pas été écrit : le scénario se compose, à mesure, selon l'improvisation des volontés qui mènent l'assaut. Et je suis de l'assaut, j'ai été désigné, — parce que je suis ton fils, parce que je suis Marc Rivière, — je ne puis plus me retirer. Mon orgueil y est engagé. Et que l'équipe dont je suis perde ou non la partie, j'irai jusqu'au bout de la partie, sans flancher! »

Il serait trop facile et trop superficiel de vous attribuer entièrement les opinions du fougueux fils d'Annette. Mais ces mots de Marc : «...je n'aime point cet « humanitarisme » et cette « humanité » (placés entre des guillemets !), toutes ces bourdes creuses, ces idéologies, ces illusions de mots »,... sont confirmés dans votre lettre du 24 juillet. Je reproduis l'alinéa tout entier :

« Permettez-moi, seulement (sans entrer dans l'essentiel du problème), de faire toutes réserves sur le mot (sinon la chose) d' *« humanitarisme »*, dont vous faites votre drapeau. Il est impossible, en bon français, de le séparer d'une acception sentimentale péjorative. C'est faire tort à la cause qu'en faire emploi pour la désigner. Il m'est impossible de l'accepter. Il faut — au moins en français — trouver, forger un mot nouveau ».

Tel est votre avis, exprimé d'une façon directe et précise. Donc, avant de pouvoir parler de la question humanitariste, je dois justifier le mot « humanitarisme ». En même temps que mon exposé, je vous ai remis aussi, en traduction française, ma brochure : « *Les Principes humanitaristes et l'Internationale des Intellectuels* » (1), qui est un résumé tant soit peu élémentaire des problèmes que j'ai étudiés en quatre ouvrages (2) parus en

(1) Collection « La Brochure mensuelle », Paris, n° 50, février 1927.

(2) « Umanitarismul si Internationala Intelectualilor » *(L'Humanitarisme et l'Internationale des Intellectuels)*, 264 pages, édition « Viata Românească », Bucarest, 1922 ; « Principiile umanitariste » *(Les Principes humanitaristes)*, le premier n° de la Bibliothèque humanitariste, 1922 ; « Umanitarism si Socialism » *(Humanitarisme et Socialisme)*, polémiques avec Lotar Rădăceanu, édit. Brănisteanu, 1925 ; — « Umanitarismul biblic » *(L'Humanitarisme biblique)*, 1926.

J'ajoute les articles et les études publiés dans différentes revues, surtout dans mes revues « Umanitatea » *(L'Humanité)*, Jassy, 1920 ; « Umanitarismul » *(L'Humanitarisme)*, Bucarest, 1928 ;

roumain, entre 1922-1926. Dans cette brochure, destinée aux lecteurs français, j'ai spécialement ajouté un chapitre : « Le sens de l'humanitarisme » (pages 12-14), lequel, si vous l'aviez lu avant de répondre à mon exposé, aurait peut-être rendu superflue la discussion sur le *mot* « humanitarisme ». En vous répondant, je ferai des citations de cette brochure, de même que de mes autres livres, parce que je tiens à vous montrer que je n'ai pas utilisé ce mot « à la légère ».

Je reconnais dès le début que « l'humanitarisme sentimental et moral existe de longue date » — et j'accentue même que « la faiblesse pratique des humanitaristes consiste justement dans le fait que l'humanitarisme est considéré comme un terme sentimental et moral » (1). Cette « considération », tantôt méprisante, tantôt ironique, est due à plusieurs confusions. Les athées croient que l'humanitarisme est une forme déguisée des anciennes religions, ou, plus

« Cugetul liber » *(La Pensée libre)*, 1927-8. — « Omul liber *(L'Homme libre)*, 1924-25.

(1) *Les Principes*, etc., page 12.

exactement, des Églises; il s'en est trouvé qui ont demandé si l'humanitarisme n'était pas la même chose que... la franc-maçonnerie; d'autres croient qu'il représente des actions philanthropiques, qu'il patronne des œuvres d'assistance sociale; enfin, ceux qui souffrent de daltonisme politique, parlent de l'humanitarisme communiste ou du communisme humanitariste, croyant l'avoir ainsi définitivement classé comme une doctrine subversive, alors qu'en fait l'humanitarisme est a-politique et même anti-politique. Mot en effet très commode, il est employé *pour* et *contre* à toute occasion, dans la grande presse et les revues, par ceux qui considèrent que l' « humanitarisme » n'a même pas besoin d'être examiné, tant ce qu'il contient leur apparaît évident de par sa seule énonciation!

Pourtant, ainsi que je l'ai écrit dans l' « *Appel aux Intellectuels libres et aux Travailleurs éclairés* » :

« L'humanitarisme n'est pas aujourd'hui une simple expression verbale, vaguement idéaliste — mais résume les tendances au progrès de toute l'humanité. L'humanitarisme intuitif et moral préconisé par les vieilles religions, a pris, à l'aide de la science moderne, une ampleur et une clarté qui le rendent accessible à ceux qui obéissent à la voix du cœur, aussi bien qu'à ceux qui suivent les impératifs de la raison ».

Les éléments de cet humanitarisme, nous les trouvons, par exemple, dans la « *Biologie de la Guerre* », du professeur G.-Fr. Nicolaï (1), qui a fondé sur la biologie le pacifisme et l'internationalisme, donnant ainsi une nouvelle vigueur à l'ancienne

(1) *La Biologie de la Guerre*, 1re éd. 1917 (468 p.), Orell-Füssli, Zürich ; 2e éd. 1919 (552 p.), avec une préface de Romain Rolland (même éditeur).

A consulter : Romain Rolland, *Les Précurseurs*, éd. A. Michel, Paris, 1923 : « Un grand Européen, Georg-Fr. Nicolaï », pages 144-181.

Dès 1920, j'ai résumé en roumain l'œuvre de Nicolaï : *Biologia Războiului* (244 pages, éd. I. Viata Românească, Iassy, 1921 ; éd. II, 256 pages, 1926). Sous cette forme abrégée, une œuvre scientifique a pu être popularisée dans un pays qui compte, d'après la statistique officielle, plus de 60 % d'illettrés.

conception de « l'organisme de l'humanité ». Dans « *L'Humanitarisme et l'Internationale des Intellectuels* », j'ai essayé d'appliquer dans les domaines sociaux les lois biologiques du pacifisme et de l'internationalisme, en les rapportant à l'individualisme et au socialisme, à la religion et à la science, à la technique et à l'esthétique, etc. — et en les harmonisant toutes dans les cadres *vivants* et *mobiles* de l'humanitarisme, sur le fondement unique de la liberté et de l'amour. Aux éléments biologiques de l'humanitarisme, j'ai donc ajouté les éléments économiques, techniques, intellectuels. Tous ceux-ci sont superposés aux éléments moraux des vieilles religions. L'éthique humanitariste, sans exclure les sentiments humanitaires, est basée sur des réalités qui peuvent être scientifiquement examinées. Cet humanitarisme est donc en immédiate liaison avec *les idéaux et les intérêts* généraux et permanents de l'homme — et avec les tendances naturelles de l'évolution humaine.

Ce n'est pas l'endroit de répéter, même brièvement, des problèmes sur lesquels j'ai insisté dans d'autres ouvrages. J'attire seulement l'attention sur le fait que l'on peut aujourd'hui parler d'un *humanitarisme scientifique*. J'ai montré dans « *L'Humanitarisme et l'Internationale des Intellectuels* » (1) qu'Auguste Comte a mis la biologie à la base de la science sociologique. Ses successeurs se sont égarés dans la nébulosité des hypothèses anthropologiques, psychologiques et même philosophiques, pour revenir, après un demi-siècle, à la source de toute sociologie : à la biologie. D'autre part, la méthode de recherche d'Auguste Comte peut être appliquée à d'autres domaines également. « Les trois phases : théologique, métaphysique et positiviste, peuvent être suivies et dans l'évolution du socialisme — et dans celle de l'humanitarisme » (2).

En effet, « l'humanitarisme a eu une phase théologique dans les vieilles religions, notamment à l'époque du christianisme pri-

(1) Chapitre XIII, « La base biologique de la sociologie », pages 176-183.
(2) *Loc. cit.*, page 177.

mitif; il a passé par une phase métaphysique pendant la Renaissance et à l'époque du vieil idéalisme allemand (*Kant, Fichte, Herder*) — et a été, en une certaine mesure, appliqué dans la vie pratique par un *Carlyle*, au moyen de l'impératif du travail, — par un *Emerson*, au moyen de l'harmonisation de la liberté avec la nécessité, — par un *Tolstoï*, au moyen de son néo-christianisme pur » (1).

Aujourd'hui, après la guerre européenne de 1914, nous pouvons dire que l'humanitarisme est entré dans sa dernière phase : la phase positiviste. Il me suffira de citer, après l'œuvre du professeur Nicolaï : « *La Biologie de la Guerre* », les travaux du professeur Raphaël Dubois, synthétisés dans ses « *Lettres sur le Pacifisme scientifique et l'Anticinèse* » (2), pour souligner le commencement d'une science biologique étroitement liée à toutes les manifestations sociales, économiques, morales, philosophiques et même esthéthiques de l'humanité. Cette science tend à

(1) *Loc. cit.*, page 178.
(2) Éd. André Delpeuch, Paris, 1927, 156 pages.

mettre d'accord le lent progrès intérieur (moral, intellectuel) de l'homme, avec les rapides progrès extérieurs (techniques, économiques, etc.). En un mot, par la reconnaissance des lois biologiques de l'évolution de l'humanité, l'on pourra mettre d'accord les civilisations transitoires des époques sociales avec la réalité permanente de la culture universelle. Car « *la science sans humanité est une sanglante vanité* » (1). L'humanitarisme scientifique pourra donner à la science comme au socialisme, à la religion comme à l'esthétique, à la technique comme à la morale, cette direction clairvoyante, qui les mettra à l'abri des deux fléaux : l'intolérance et la force brutale.

Telle se présente pour moi la question de l'humanitarisme. Vous m'écrivez qu' « il est impossible, en bon français, de le séparer d'une acception sentimentale péjorative ». Pourquoi nous laisserions-nous intimider par les fausses interprétations que l'on pourrait donner à l'humanitarisme? Les résidus sen-

(1) Chap. XIII, *loc. cit.*, page 182.

timentaux demeurent fatalement attachés aux éléments positifs, scientifiques, de l'humanitarisme. Le petit nombre de ceux qui travaillent maintenant à former cette science ne redoutent pas les ironies de ceux qui les taxent d'utopistes. Que les superficiels sceptiques se souviennent de toutes les « utopies » qui sont petit à petit devenues de triomphantes réalités. Et le socialisme lui-même, dont les promoteurs rédigeaient les manifestes, il y a 80-90 ans, dans un misérable taudis! Aujourd'hui que le socialisme commence à être réalisé dans des cadres planétaires, une conception supra-ordonnée surgit, destinée à le compléter et à le préserver des erreurs dogmatiques et des méthodes oppressives qui ont mené à leur perte tant d'institutions sociales.

L'humanitarisme est l'expression synthétique de toutes les réalités matérielles et spirituelles qui constituent l'évolution de l'humanité. Vous considérez que ce serait porter préjudice à la cause de l'humanité que d'employer le mot « humanitarisme » pour la désigner... Mais je n'ai pas forgé ce mot —

et je ne l'ai pas choisi non plus. Il s'est de lui-même naturellement imposé, de par sa teneur même. Comment désigner autrement une conception consacrée aux intérêts et aux idéals permanents et généraux de l'humanité? L' « humanitarisme » est lié à l'humanité aussi intimement que la peau tient à mon corps... Que je trouve, que je forge « au moins en français » un nouveau mot? Pourquoi seulement en français? Est-ce que le socialisme, le communisme, le nationalisme, le fascisme, etc., ont, en français, d'autres désignations qu'en anglais ou qu'en allemand? Les 50 publicistes, lettrés et combattants sociaux français qui ont signé l' « *Appel aux intellectuels libres et aux Travailleurs éclairés* » — depuis un doctrinaire comme Henri Barbusse jusqu'à un philosophe aussi multiple et aussi ondoyant que Han Ryner — ne m'ont pas suggéré cette idée (1). Votre

(1) Je reproduis, d'après la revue « Umanitarismul » *(L'Humanitarisme)*, Bucarest, n° 1, juillet 1928, le nom des signataires français : A. Bailly, Banville d'Hostel, Henri Barbusse, M. Belly, Gabriel Belot, Paul Bergeron, Maurice Blanchard, Paul Brulat, M. Caillard, H. Candiani, R. Canudo (†),

demande à ce sujet, si catégoriquement exprimée, a été pour moi d'autant plus inattendue. Sans doute, je désire que les discussions sur la question humanitariste soient amples et aussi libres que possibles, mais elles marqueront le pas si elles commencent par le mot « humanitarisme ».

Qu'il me soit permis de continuer la justification documentaire de ce mot. Dans les publications françaises, il a commencé à ac-

Armand Charpentier, H. Chassin, F. Courché, Manuel Devaldès, Camille Drevet, Raymond Duncan, Lud. Fillieu, H.-L. Follin, Florian Parmentier, Albert Girault, Th. Gras, Amédée Guillaume, I. R. Hernandez, L. S. Judius, Gérard de Lacaze-Duthiers, E. Lanty, Pierre Larivière, Philéas Lebesgue, Albert Le Bresseur, Pierre Liber, M. Lipchitz, Gilbert Mallaroni Dr Mariavé, Mérat, Alex. Mercereau, Dresse Pelletier Émile Pignot (†), E. Poitevin, Henri Poulaille, Ivanhoé Rambonson, Marianne Rauze, Louis Richards, Joseph Rivière, Dr A. Robertson-Prochowsky, P.-N. Roinard, Georgette Ryner, Han Ryner, Henri Strentz, Madeleine Vernet.

Parmi les signataires des autres pays, je choisis seulement quelques noms : Prof. G.-Fr. Nicolaï, Freiherr Paul von Schœnaich (Allemagne) ; Stefan Zweig (Autriche) ; Marceline Hecquet, Jean Maréchal, A. Suls (Belgique) ; B. de Ligt (Hollande) ; Prof. A. L. Herrera (Mexique) ; Upton Sinclair (U. S. A.) ; Rabindranath Tagore (Indes), etc.

quérir « droit de cité ». On fait la distinction entre l'adjectif « humanitaire » qui a, en général, une signification morale, sentimentale — et le substantif « humanitarisme » dont le suffixe en *isme* est gardé dans les traductions anglaise, allemande, etc. En dehors de la brochure plus haut rappelée : « *Les Principes humanitaristes et l'Internationale des Intellectuels* », j'ai publié divers articles et études dans les revues françaises. En commençant par *Ésope* (1), l'organe de la F. I. A. L. S.. qui, le premier, grâce à Banville d'Hostel, a donné une plus large diffusion à notre *Appel*, j'ai continué à rapporter à l'humanitarisme toutes les autres questions sociales, dans *La Raison* (2), *Le Semeur* (3),

(1) N° 9, avril 1922 : extrait de *L'Humanitarisme et l'Internationale des Intellectuels*; n° 20, juillet 1927 : extrait des *Principes humanitaristes*, etc.

(2) N° 9, nov. 1925 : *Les Intellectuels et l'Humanitarisme.*

(3) N° 61, 10 févr. 1926 : *Humanitarisme et Esthétique*; n°s 126, 127, 128... juillet-sept. 1928 : *Un livre de paix* (La biologie de la Guerre), etc.

Évolution (1), *La Pensée* (2), et dans d'autres publications consacrées au pacifisme.

Le mot possède maintenant, en quelque sorte, sa physionomie. Lorsqu'il est employé par quelqu'un, il est, directement ou indirectement, rapporté à nos études. C'est ainsi que, dans le « *Précis de Solidarité Biocosmique* » (3), Félix Monier, le fondateur de l' « Association Internationale Biocosmique », écrit :

« ...Qu'il nous soit permis de dire que l'*Humanitarisme* ou la *Solidarité humaine* nous paraît insuffisant » (page 27).

L'auteur étend la solidarité à tous les êtres vivants « qui ont le droit de vivre tranquilles et heureux ». Plus loin, l'auteur revient à ce sujet :

(1) N° 2, 15 févr. 1927 : *La Femme et la Guerre;* n° 7, 15 juillet 1927 : *La mission des Intellectuels*, etc.

(2) N° 14, 1er avril 1928 : *Appel;* n° 15, 8 avril 1928 : *Les Principes humanitaristes.*

(3) Publié par l' « Association Internationale Biocosmique », éd. « L'Idée Libre », 1928, Conflans-Honorine.

« Nous voudrions encore faire remarquer, sans nous faire taxer de folie, que l'*Humanitarisme* tel qu'il est compris en général,... est incomplet à nos yeux, en se bornant aussi exclusivement à l'Humanité terrestre ; nous croyons que les Humanités de notre système solaire et des autres systèmes voisins, sont beaucoup plus nombreuses qu'on ne le pense... » (page 32).

Le biocosmisme de F. Monier, comme celui du professeur A.-L. Herrera, d'Albert Mary, d'Antioco Zucca, etc., qui étend la solidarité à tous les phénomènes de la vie — et aux vivants inférieurs et aux systèmes solaires — a donc limité le sens et la raison d'être de l'humanitarisme à la seule espèce humaine. Il ne s'en déclare pas satisfait. *L'humanitarisme est une étape vers la solidarité universelle consciente.*

J'ai cité cet extrait du « Précis de Solidarité Biocosmique », pour montrer que les hommes de science placent aussi l'humanitarisme dans son cadre naturel. Dans les traductions allemande (1), anglaise (2), espagnole (3), suédoise (4), tchèque (5), etc., le mot a été pris dans la même acception. Il a retenti aux congrès pacifistes mondiaux. Il a été fixé en espéranto aussi : la *Humanitarismo* (6), bien que Zamenhof ait depuis longtemps employé le mot « Homaranismo », qui est le titre d'une de ses bro-

(1) *Die Grundsätze des Humanitarismus und die Internationale der Intellektuellen*, éd. Erkenntnis und Befreiung, Vienne, 1925, avec note de Pierre Ramus. — Voir aussi le feuilleton sur le mouvement humanitariste, par Alfred Saueracker (Erk. u. Befr., n° 3. 18. I, 1925) et notes de Ramus (Erk. u. Berf., n°s 30 et 32, 1925). *Gewalt und Gewaltlosigkeit*, manuel du pacifisme actif, par Franz Kobler, éd. Rotapfel, Zurich, 1928, page 278, note de Martha Steinitz.

(2) Cf. notes dans *The War Resisters*, n° 13, juillet 1926 ; *No More War*, Londres, n° 8, mai 1927.

(3) Cf. Philéas Lebesgue : Préface au *Voix en sourdine*, roman de E. Relgis, dans *La Revista Blanca*, Barcelona, n° 124, 15 juillet 1928.

(4) *Brand*, Stockholm, n° 41, 10 oct. 1925 : Humanitära Principer.

(5) Charles Teige : *Humanitaristicka skupina v Rumunsku*, Narodni Osvobozeni, Prague, 1925.

(6) Eugen Relgis : *La Humanitaristaj Principoj kaj la Internacio de la Intelektuloj*, traduction en espéranto par S. Prager, éd. Belga Esperanto Instituto, Anvers, 1928.

chures (1). Le mot de Zamenhof, dérivé de *homo* (homme), *homaro* (humanité), *homarano* (membre de l'humanité), résume une conception de fraternité, basée sur l'unité de langue et de morale, de même que sur l'harmonisation des religions (2). Mon traducteur en espéranto a compris que « la Humanitarismo » est le terme qui correspond à l'humanitarisme scientifique.

Ce n'est pas par pédanterie que je donne ces détails. Vos observations m'ont fourni l'occasion de mettre au point quelques questions étroitement liées à l'humanitarisme, et je ne puis que vous en être reconnaissant.

Il y a donc une « littérature », modeste encore, autour de ce mot. Si, dans le « *Grand Dictionnaire universel du XIXe siècle* », de Pierre Larousse (édition de 1878) (3), nous ne trouvons sur l'humanitarisme que ces simples mots :

(1) Cf. Edmond Privat : *Zamenhof et l'unité humaine*, Paris, 1922.

(2) Cf. Eugen Relgis : *La langue du Pacifisme*, Évolution, Paris, n° 23, nov. 1927.

(3) Vol. IX, page 447, col. II.

« Système philosophique de ceux qui mettent avant toute chose l'intérêt de l'humanité »,

exactement reproduits dans le « *Nouveau Larousse illustré* » (1), — nous trouvons aujourd'hui, par exemple, dans « *L'Encyclopédie anarchiste* » publiée par les soins de Sébastien Faure, un article sur l'humanitarisme, signé par l'auteur de ces pages (2). Dans cet article se trouve reproduite plus de la moitié de ma brochure : « *Les Principes humanitaristes et l'Internationale des Intellectuels.* » Je ne redoute pas que l'humanitarisme se fossilise dans une encyclopédie! Il correspond à une réalité trop profonde et trop vaste pour ne pas progresser sans arrêt — parallèlement avec les progrès économiques, techniques, scientifiques, éthiques, esthétiques de l'humanité. La définition que nous trouvons dans le « *Grand Diction-*

(1) Publié sous la direction de Claude Augé, vol. 5, page 182, col. II.

(2) *L'Encyclopédie anarchiste*, Paris, 1928, fascicule 20, lettres H. I., pages 920-923.

naire universel du XIXe *siècle* », correspond effectivement à la deuxième phase dans laquelle se trouvait l'humanitarisme dans le dernier siècle. Aujourd''hui, après le premier quart du XXe siècle, nous pouvons donner à l'humanitarisme son interprétation intégrale, celle qui correspond à sa dernière phase : la phase positiviste.

Voilà, cher Maître, comment j'ai entendu justifier le mot « humanitarisme ». Pourtant, je n'en fais pas « un drapeau », comme vous me l'écrivez. Un drapeau, n'importe lequel, est une chose limitée, restrictive, presque définitive comme un *credo*. Rarement le drapeau a-t-il été le symbole de la parfaite tolérance, de l'auto-critique, de cette clairvoyance qui sait douter et espérer quand même, qui sait voir au delà du présent — dans les mausolées du passé et dans les matrices de l'avenir.

S'il vous est « impossible d'accepter » le mot « humanitarisme », je m'incline avec tout le respect que je vous dois. En défendant ce mot, j'accepte aussi le vôtre : *Panhumanisme*, qui a retenti dans les années tragiques comme le cri de ralliement des esprits libres. Dès 1921, dans le XIXe chapitre de mon volume : « *L'humanitarisme et l'Internationale des Intellectuels* », j'ai écrit :

« Romain Rolland, en proclamant l'indépendance de l'Esprit, la permanence indestructible de la divinité révélée en l'homme créateur, parle pour toute l'humanité : pour son unité planétaire, pour l'harmonisation de toutes les races déposant chacune sa civilisation spécifique sur les autels communs, sur « les Arches d'Alliance » de « l'Esprit libre, un et multiple, éternel » (1).

« Romain Rolland a pu se permettre, dans sa prophétique et compréhensive individualité, d'anticiper sur la dernière étape de l'organisation du monde, non seulement dans le sens matériel, mais aussi dans le sens spiri-

(1) Romain Rolland : « Déclaration d'indépendance de l'Esprit », dans *Romain Rolland Manifest und die deutschen Antworten*, par Prof. Georg-Fr. Nicolaï, éd. Mundus, Berlin.

tuel. Il veut la communion intellectuelle de la péninsule européenne, de l'Asie, des deux Amériques et des grandes îles civilisées, répandues sur le reste de la planète. Ainsi, l' « Européisme » de Nicolaï, s'élève, par Romain Rolland, jusqu'au *Pan-humanisme* — qui n'est autre chose que le triomphe de l'humanitarisme dans la société et dans toute l'humanité spirituelle » (pages 252-253).

Et, dans un de mes essais : « La jeune Europe », en tête du premier numéro de la revue *Cugetul liber* (1), en examinant les différents « *pan* » politiques (pan-américanisme, pan-asiatisme, pan-europa, pan-slavisme, pan-germanisme, etc.) dressés les uns contre les autres, j'en suis arrivé à la conclusion que le seul « *pan* » pouvant être accepté comme une loi naturelle de l'espèce humaine et comme un impératif de la conscience individuelle, est le *Pan-humanisme :* l'humanisme intégral.

...Humanisme ou humanitarisme ? Si nous

(1) *Pensée libre*, Bucarest, n° 1, nov. 1927.

devions en rester à la définition classique du mot « humanisme », nous devrions faire une distinction entre lui et l'humanitarisme. Sans doute, ne vous êtes-vous pas limité à « la doctrine des Humanistes de la Renaissance », ou bien au « culte, à la déification de l'humanité » — et n'entendez-vous pas être un *humaniste* tout court, c'est-à-dire un :

« Partisan des langues anciennes ; homme versé dans la connaissance de ces langues »,

et être compté parmi ces

« philologues (latinistes, hellénistes et hébraïsants) de la période qui commence avec Pétrarque, finit avec Casaubon, et comprend le IXe, le XVe, le XVIe siècle, et les premières années du XVIIe »...

ainsi que nous édifie le « Grand Dictionnaire universel du XIXe siècle ». Vous souririez si quelqu'un donnait une telle interprétation à votre pan-humanisme. Il existe, évidemment, un lien de filiation entre l'ancien et le nouvel humanisme. Et l'évocation d'un humaniste comme Erasmus de Rotterdam, par exemple, donne au pan-humanisme de Romain Rolland ces reflets des pierres précieuses, dans lesquelles se trouve accumulé le lent travail des millénaires passés. Comme un véritable créateur de valeurs morales, vous avez élargi la sphère de l'humanisme — et vous lui avez donné par cela un sens supérieur, correspondant à la réalité intégrale de l'humanité. Le pan-humanisme est une extension spirituelle de l'humanitarisme, dont les éléments de base sont biologiques et sociaux.

Nous ne sommes pas les esclaves des mots. Nous ne redoutons pas les interprétations superficielles, fausses ou intéressées qui pourraient être données à l'humanitarisme moderne. Les mots ont aussi leur destin : ils meurent ensevelis dans les dictionnaires et les lexiques, lorsqu'ils ne correspondent plus à une nécessité vitale. Mot synthétique, l'humanitarisme résistera, parce qu'il est une expression de la vie humaine. Son destin est parallèle à celui de l'humanité et simultané avec lui. Travestie, ridiculisée par les sceptiques, dénaturée par les cyniques, la vérité essentielle de l'humanitarisme finira par apparaître à tous les yeux.

Si nous devions forger un nouveau mot à la place de l' « humanitarisme », uniquement de peur qu'on ne lui donne une interprétation « sentimentale péjorative », nous devrions alors chercher de nouveaux mots pour les vrais sentiments d'*amour*, de *liberté*, de *justice*... Je ne rappelle que ces trois mots! A travers combien d'enfers de misère, de flaques de sang, de boueux déserts, n'a-t-on pas traîné ces idéals! Quelle bouche de tyran, de parjure, de trafiquant de la souffrance, de boucher de peuples, a omis de proférer ces paroles, que « les serviteurs de l'Esprit » prononcent avec piété, convaincus de leur inaltérable éternité...

C'est l'homme qui sanctifie le mot — et non pas le contraire. Et, lorsque dans *Jean-Christophe, Les Précurseurs* ou dans *Clerambault,* nous rencontrons les mots : « amour », « liberté », « justice » — n'éprouvons-nous pas que celui qui les a écrits leur a donné le sens le plus beau, le plus vrai, les faisant retentir dans l'âme et dans la conscience du lecteur avec leur pureté première et de toujours ?

II

LA DOCTRINE HUMANITARISTE

Si, pour le mot « humanitarisme » j'ai été obligé d'utiliser le plus d'éléments documentaires possibles, afin de le délimiter à la lumière des dernières recherches, la discussion en ce qui concerne l'humanitarisme lui-même (permettez-moi de dire : la conception, la doctrine humanitariste), sera bornée uniquement à son *opportunité*. Autrement, cette lettre, devenue brochure, risquerait de devenir un volume!

Dans votre Message à la Conférence de Sonntagsberg, vous reconnaissez que le moment est venu « de fédéraliser tous les groupements d'opposants à la guerre en une Internationale de la Paix ». Dans la lettre que vous m'avez adressée, vous accentuez que vous êtes pour une « fédéralisation immédiate ». C'est là tout le problème. La reconnaissance unanime de cette nécessité vitale du pacifisme mondial est trop évidente pour que nous revenions là-dessus. Mais, dans votre lettre du 24 juillet, vous avez ajouté :

« ...Je ne crois pas *opportun* d'essayer de la fonder *maintenant* (l'Internationale de la Paix) (1) sur une doctrine unique, — toujours sujette à discussions, et capable de faire surgir des conflits entre les divers groupements de la Conférence ».

C'est donc une question de tactique : *actuellement*, il n'est pas opportun d'essayer de fonder l'Internationale Pacifiste sur une doctrine unique. Je suis bien éloigné d'avoir une prétention aussi téméraire! J'ai eu soin de préciser et de répéter dans mon exposé que — en vertu de la loi de l'individualité, — les groupements pacifistes gardent leur entière liberté de manifestation. Ils ont leurs conceptions propres, sociales ou éthiques, et leurs méthodes d'action, déterminées évi-

(1) C'est nous qui soulignons (E. R.).

demment par la foi qui les domine, et aussi par les circonstances locales. Mais, en vertu de l'autre loi, celle de l'unité, qui est la résultante de toutes les tendances individuelles, — les groupements pacifistes, tout en maintenant leur autonomie, ont le devoir de reconnaître que leur but commun ne peut être réalisé que par leur union, par leur fédéralisation en une Internationale supra-ordonnée. Les organes doivent s'harmoniser dans l'unité de l'organisme. — Je n'ai fait qu'appliquer ici le second principe de l'humanitarisme. J'estime que je puis le reproduire en entier :

« Deux notions, qui sont deux réalités, forment la base de mon humanité, ce sont : l'INDIVIDU et l'ESPÈCE — la cellule et l'organisme. La liberté peut toujours s'harmoniser avec la nécessité : ma volonté d'individu trouve un champ d'action créatrice dans le cadre de l'espèce. C'est en les reconnaissant, que nous devenons les maîtres des fatalités naturelles. Quant aux fatalités sociales, elles n'existent que pour ceux qui n'ont ni conscience individuelle, ni conscience de l'espèce.

« Il n'y a, entre l'unité simple de l'homme et la suprême unité de l'humanité, pas d'autre unité naturelle intermédiaire — mais seulement des formes sociales et politiques : la famille, la tribu, la classe, la nation, la race... Ce sont des formes artificielles, transitoires : nous ne les reconnaissons pas de manière absolue. Libérons-nous de leur tyrannie, si elles viennent à paralyser notre personnalité et si elles ne correspondent pas aux tendances vers le progrès de l'humanité » (1).

Ce respect de l'individualité — des personnes ou des groupements — m'a guidé dans mon action et dans mes écrits. C'est vous-même qui nous avez donné le plus haut exemple de cet individualisme. Je l'ai depuis longtemps reconnu, dans « *L'Humanitarisme et l'Internationale des Intellectuels* » :

« L'individualisme de Rolland, sans aucun parti pris sectaire et sans égo-centrisme para-

(1) *Les Principes humanitaristes et l'Internationale des Intellectuels*, page 15.

lysant, se révèle avec toute la délicatesse et toute la volonté du maintien de l'indépendance spirituelle et de l'intégrité personnelle » (1).

Oh, les petites chapelles de tant de *dogmes* sociaux, éthiques et même esthétiques! l'égo-centrisme de tant de dirigeants qui veulent incarner une idée ou une action et qui oublient qu'ils ne peuvent être que les *serviteurs* de l'idée, les guides de l'action! Je ne connais que trop cette plaie du fanatisme, cette obsession de l'absolu, cette inquisition des consciences ! Si, à la Conférence de Sonntagsberg, j'ai osé parler de l'humanitarisme aussi, en le rapportant à l'Internationale des Intellectuels et à celle des Pacifistes, je ne l'ai point fait pour provoquer d'oiseuses discussions. Non! l'humanitarisme n'est pas une doctrine « capable de faire surgir des conflits entre les divers groupements de la Conférence ». Je suis heureux de constater qu'effectivement je n'ai provoqué aucun con-

(1) Chap. III : « Fresque des Précurseurs », page 41.

flit (1) — et que, bien au contraire, j'ai eu l'impression d'une reconnaissance tacite de l'humanitarisme. En fait, les groupements pacifistes d'une si impressionnante diversité qui y étaient représentés, se maintiennent sur le terrain commun de l'humanitarisme, qu'ils connaissent partiellement et sous d'autres dénominations.

L'humanitarisme n'est pas et ne saurait devenir un moule fixe, définitif, dans lequel soient pressurées les réalités vivantes des individus — et les formes sociales : des classes, des nations, des races. Il exprime les tendances créatrices de ces réalités harmonieusement fondues dans la réalité totale de l'humanité. Je le répète : l'humanitarisme s'accroît parallèlement avec tous les progrès

(1) Des comptes rendus et des commentaires sur la Conférence de Sonntagsberg, je cite : *No More War*, organe de la section anglaise du W. R. I., n° 8, sept. 1928 : *The W. R. I. in Conference* d'Isabel Ashby.

Pierre Ramus écrit dans *Erkenntnis und Befreiung* (Vienne), en une série d'articles d'impressions (n° 35, 26 août 1928) : « Le Congrès s'éleva à un haut niveau intellectuel (Geistesflug) avec le référé à grande portée d'Eugen Relgis... ».

scientifiques, techniques, économiques, éthiques, intellectuels, de l'humanité — de même que le corps de l'homme s'accroît simultanément avec les organes qu'il renferme. « De l'harmonieuse limitation et de l'inter-dépendance active des organes, résulte la santé et l'évolution progressive de l'individu » (1). L'humanitarisme ne saurait tromper. Il ne peut mener vers des idéals restrictifs. Il est, pour employer une métaphore, la vaste place circulaire dans laquelle se croisent les voies de la vie humaine, parties de tous les points cardinaux. C'est là que se rencontrent toutes sortes d'hommes, qui y viennent avec les fruits de leur pays, avec les dons de leur civilisation, avec leurs cœurs et leurs consciences illuminés de tant de croyances et d'aspirations spécifiques. Et là, dans la place de l'humanité, ils se reconnaissent : ils se serrent la main avec la même fraternité qui, sans renoncer à son essence individuelle, est pourtant unitaire par le but suprême commun à tous : le travail et l'aide mutuelle dans un

(1) *Humanitarisme et Socialisme*, page 80.

monde pacifié, purifié des égoïsmes nationaux comme de ceux des classes, de l'orgueil de race comme de celui des civilisations — qui ne sont que les fruits périodiques de la culture universelle.

Si je pouvais reproduire ici les dix principes qui résument la doctrine humanitariste, je prouverai — comme je l'ai indiqué plus haut à l'aide du deuxième principe — que je ne suis pas allé à la Conférence de Sonntagsberg pour « élaborer une doctrine unique, pour l'imposer à l'assentiment de la fédération » (1). La doctrine existe et ses principes sont partiellement ou entièrement compris dans les conceptions sociales, économiques, éthiques, etc. des groupements représentés à la Conférence. Je leur ai seulement demandé de reconnaître leur commune base, précisément afin d'éviter toute sorte de « conflits » — et j'ai exprimé ma conviction que les principes directeurs de l'Internationale Pacifiste « correspondront en tout cas à ceux de l'humanitarisme ».

(1) Message à la Conférence.

...De l'humanitarisme, comme du panhumanisme — ou n'importe comment se nommera la doctrine ayant trait aux idéals et aux intérêts de toute l'humanité. C'est avec beaucoup de raison que vous dites dans votre Message : « Toute doctrine — scientifique ou religieuse — est sujette à discussions. » Et cela, à cause de l'infinie diversité *des esprits*. Votre avertissement est précis : « En voulant trop strictement fonder l'unité des esprits, elle la détruit. » En effet, toute doctrine menace de détruire « l'unité » des esprits. Mais aucun Messie n'oserait proclamer cette unité! L'unité des esprits est une impossibilité absolue : elle équivaut à la mort de toute religion, de tout art, de toute civilisation.

L'humanitarisme, en reconnaissant que l'humanité est un organisme dans le temps et l'espace, fait dépendre la viabilité de cet organisme du libre et harmonieux fonctionnement de tous ses organes. La liberté de chaque organe n'est limitée que par les nécessités générales de l'organisme. Cet encadrement de la liberté individuelle dans les nécessités *fatales* de toute l'humanité, est la garantie de la paix et du progrès. Nous ne demandons pas « l'unité » des esprits, mais simplement l'égalisation économico-sociale, l'égalité élémentaire de la vie matérielle que proclame le marxisme (et que le bolchevisme applique malheureusement de façon tellement erronée, précisément parce qu'il confond l'égalité économique avec l'unité spirituelle !)

Sur la base commune de l'égalité économique, qui donnera à chaque individu le droit de *travailler* en rapport avec ses aptitudes, — sur la base de la solidarité sociale, qui mettra à la disposition de chacun les avantages de la technique, de la science — l'aidant à bénéficier des trésors artistiques et intellectuels (qui sont encore le monopole d'une minorité privilégiée), — sur cette unité matérielle pourront alors être édifiés les palais multiformes de la création spirituelle. « *La libre concurrence des esprits créateurs* » (1), voilà notre unique devise dans la mêlée de tant d'antagonismes sociaux.

(1) *Humanitarisme et Socialisme*, page 53.

C'est le rôle suprême de l'humanitarisme, lequel, désirant voir chaque homme devenir un « citoyen de l'humanité », prépare l'ère spirituelle. L'esprit a aujourd'hui à peine quelques précurseurs, quelques prophètes qui planent au-dessus des troupeaux ou descendent parmi eux — pour se laisser sacrifier par l'avidité des tyrans ou par l'innocente ignorance des esclaves. Nous, les humanitaristes, nous répétons vos paroles, de la « Déclaration d'indépendance de l'Esprit » :

« Notre rôle, notre devoir, est de maintenir un point fixe, de montrer l'étoile polaire, au milieu du tourbillon des passions dans la nuit... Nous honorons la seule Vérité, libre, sans frontières, sans limites, sans préjugés de race ou de castes. Certes, nous ne nous désintéressons pas de l'humanité. Pour elle nous travaillons, mais pour elle *tout entière*. Nous ne connaissons pas les peuples. Nous connaissons le Peuple — unique, universel... »

Ceux qui se sont assemblés à Sonntagsberg, ont compris votre appel :

« Laissons de côté tout ce qui nous sépare, toutes nos nuances de pensées, politiques, sociales, religieuses, philosophiques! »

Lorsqu'ils ont proclamé ce « *Non* » absolu à la guerre, ils ont été poussés par le sentiment « de la solidarité et de l'en-tr'aide », — par cette « communion entre tous les vivants », qui se trouve également au centre de la doctrine humanitariste. Ce « principe central », qui peut déchaîner l'action pacifiste, correspond effectivement à un *sentiment* « clair, immédiat ». Soit qu'il dérive de « la foi en un Père Divin, dont nous sommes tous les enfants, — soit monisme scientifique » (Message), ce principe s'impose de façon évidente comme un impératif catégorique. Parce que « *l'humanité est en danger!* » Il n'y a pas que les pacifistes actifs qui reconnaissent cela, mais aussi tous les hommes de cœur. Votre cri d'alarme: Que l'humanité « organise sa défense! » résonne comme une vérité essentielle, jaillie de l'instinct de conservation qui sait voir la voie de salut également.

Vous avez dit : ORGANISATION — et ce mot précipite la solution de tant de problèmes confondus. Organisation implique raison : prévoyance, calcul, contribution de tous les éléments positifs en vue de réaliser le but poursuivi. Si « clair et immédiat » que soit le *sentiment* de la solidarité et de l'aide mutuelle, si naturelle que puisse nous paraître cette « communion entre tous les vivants », nous ne pouvons que considérer ce sentiment comme la force motrice de l'organisation pour la paix de l'humanité. Ce sentiment de la communion a été proclamé depuis tant de siècles par des prophètes, des apôtres, des philosophes, — mais les flots de la guerre ont continué à pousser les peuples vers les abîmes de la haine et de la mort...

Serait-il encore nécessaire de prouver que l'interdépendance est une loi qui a depuis longtemps franchi les frontières nationales et continentales — et qu'il n'existe pas un domaine d'activité humaine susceptible *de progresser par autoarkie ?* Même les adversaires de l'internationalisme sont convaincus de l'existence de cette loi de l'interdépendance. La finance est tout aussi internationale que la technique; les représentants des Églises se sont engagés sur les chemins planétaires pour arriver à sauver leurs vieux privilèges; les policiers apprennent l'espéranto — et les îlots réactionnaires de partout sont rattachés par des liens tout aussi étroits que ceux qui unissent les groupements pacifistes ou les partis socialistes. Même la forme la plus négative de la vie humaine : la guerre, est devenue internationale, bien que les causes en soient souvent nationales. Toutes les organisations internationales ont été mises à son service. Le monde est aujourd'hui dans la phase maximum de l'organisation. Ainsi que Nicolaï l'a écrit dans la « *Biologie de la Guerre* », le simple fait « que l'on ait pu si bien organiser la guerre avec ses millions de morts », est une preuve du degré d'organisation du monde.

En effet, il est temps que le pacifisme soit organisé avec tous les moyens pratiques, à commencer par les écoles et les églises, jusqu'aux aéroplanes et à la radiotéléphonie. Dans « *l'Humanitarisme et l'Internationale des Intellectuels* », j'ai évoqué les possibilités de cette organisation du monde :

« Le socialisme posera les bases économiques de cette organisation; l'humanitarisme la complètera par d'autres séries d'organisations progressives. De l'individu, il ira à la famille, à la patrie, à l'humanité... De la commune, à l'État, aux fédérations d'États républicains, aux fédérations continentales, jusqu'à la fédération suprême des peuples et des races... De l'économie, à la technique, à la science, à l'art et à la religion humanitariste et à la religion supra-humaine, vers les empires infinis de l'Esprit... De la culture et de la langue nationale, à la culture et à la langue internationale — (ce qui n'implique pas l'anéantissement total des premières)... Autant de séries de progrès qui ouvrent des perspectives de nouveaux et longs efforts, à l'Internationale des Intellectuels — et à celle des Prolétaires » (1).

(1) Chapitre XIX : *L'Internationale des Intellectuels*, page 249.

Ces deux Internationales sont tout naturellement comprises dans l'Internationale Pacifiste. Je ne reviendrai pas ici sur le rôle et la méthode de l'Internationale Pacifiste, esquissés dans l'exposé. — Je veux mettre en relief une vérité qu'ignorent même bon nombre de pacifistes actifs. L'action en faveur de la paix, qui a pris, surtout après la guerre de 1914-1918, une ampleur supranationale, n'est pas seulement due au sentiment anti-belliqueux, à l'horreur et aux souffrances subies : on a bien dit que le peuple est une « machine à oublier »... Si, à présent, le peuple n'oublie plus, si à son pacifisme natif se sont associés les intellectuels — groupés en de nombreuses associations, ligues, fédérations (1) — c'est un signe de la « *mutation* » des foules vers le pacifisme. La loi biologique de De Vries, c'est-à-dire de la brusque variation d'une espèce, trouve sa justification dans le domaine social aussi. Dans les corps des hommes d'aujourd'hui se

(1) Cf. Deuxième partie de *L'Humanitarisme et l'Internationale des Intellectuels*, 7 chapitres, pages 68-145.

trouve greffée l'histoire future de l'humanité. Nous savons, ainsi que Nicolaï l'a démontré, que le progrès de la civilisation est dû au développement du cerveau.

« Si le moment n'est pas arrivé, si les variations cérébrales n'existent pas au moins de façon latente, il est inutile de faire des prédictions. Mais si le moment est arrivé, toute prophétie est superflue. Socrate est venu trop tôt avec son idée sur le « citoyen de l'univers », mais, cinq siècles plus tard, Jésus le crucifié a laissé après lui une religion d'une importance universelle » (1).

En effet, de même qu'à l'époque de Jésus (lorsque de nombreuses guerres sévissaient et que les empires de ce temps-là entraient dans la phase de la désagrégation), les peuples de la région méditerranéenne étaient préparés à la fois moralement et par un certain développement cérébral, à recevoir la doctrine de la fraternité, en fondant le christianisme — de même les peuples de l'Europe occidentale

(1) *Loc. cit.* Chap. XII : sur la « Biologie de la Guerre », page 171.

sont arrivés à peine maintenant, après les épreuves de la dernière Grande Guerre, à cette tension spirituelle et intellectuelle où l'*humanitarisme* (qui comprend aussi le christianisme primitif, sans merveilles, sans révélations) peut se réaliser sur des bases solides non seulement dans « l'élite » des peuples, mais aussi dans les « masses ».

Nous sommes à la veille de cette *mutation humanitariste* qui transformera les hommes en êtres définitivement pacifiques. Au sentiment de la communion nous devons ajouter la conscience des intérêts généraux et permanents rattachés à l'économie, à la technique, à toute la structure matérielle de la société. Les peuples d'Angleterre, de France, d'Allemagne — malgré les survivances de la fureur guerrière et même malgré la recrudescence du nationalisme d'État, — se trouvent sur la voie de la délivrance, par le progrès humanitariste. — N'oublions pas l'Amérique! Malgré le point culminant atteint par le capitalisme, malgré toutes les imitations des mauvaises mœurs politiques du Vieux-Continent, l'Amérique est « la réserve » de la liberté et de la démocratie européennes. Certains ont même précisé que la nouvelle Europe surgira en Amérique et que, de là, elle s'établira dans la vieille Europe.

« Sous l'écorce de la gigantanasie industrielle, du milliardisme frénétique, germe au sein de ce conglomérat de races qu'est le peuple américain, une âme nouvelle qui viendra étouffer le scepticisme créé par le *struggle for life* et le positivisme mercantile » (1).

Si nous ajoutons la Russie, encore serrée dans le corset de fer du dogme bolcheviste, la Russie où bouillonnent les éléments intarissables de la vie populaire, réveillés à la lumière du travail et de l'instruction; si nous évoquons le grandiose exemple de l'Inde, qui trempe son âme au brasier de la non-violence — nous reconnaîtrons que l'Europe reste au croisement des chemins mondiaux — philtre de toutes les valeurs qui s'éclaircissent petit à petit, à travers d'horribles

(1) *L'Humanitarisme et l'Internationale des Intellectuels*, page 139.

souffrances, mais aussi dans des espoirs qui ont commencé à devenir tangibles.

Oui, le crépuscule de la guerre a commencé! Dans votre Message vous déclarez : « Je ne me fie nullement à la disparition » brusque et prochaine de la guerre, par gigantanasie », comme la prophétisent nos amis Eug. Relgis et le prof. G. Nicolaï... » Vous avez cité de mémoire cette phrase de mon exposé. En effet, la gigantanasie mène à la disparition brusque, c'est-à-dire par catastrophes dans le domaine naturel, par guerres et révolutions dans le domaine humain. Mais je n'ai pas affirmé que cette disparition serait proche. Un phénomène purement humain, comme la guerre, qui — selon certains biologues, dure depuis dix mille ans — s'est trop profondément enraciné dans l'âme et dans l'hérédité des hommes pour pouvoir disparaître en dix ou vingt années après la guerre de 1914-1918. Vous dites que « la guerre, armée de moyens nouveaux et gigantesques, risque de ne disparaître qu'après avoir fait disparaître l'humanité » (Message).

A une prédiction aussi pessimiste, je ne

vais pas opposer l'optimisme de l'autruche qui ne veut pas voir l'orage qui approche. Nous n'ignorons pas que les *moyens* de la guerre ont extraordinairement évolué dans les dernières années. La science (ah! cette science pervertie, vendue!) a donné aux adorateurs de Moloch des armes horriblement perfides et avec une fantastique puissance de destruction. La guerre chimique menace en effet *l'humanité tout entière*. Mais c'est là justement un signe que la guerre est arrivée à la phase culminante de sa gigantanasie et que désormais il n'y a plus pour elle d'autre perspective que celle du déclin, de la disparition. C'est la loi fatale de toute évolution naturelle et *sociale*.

Ce que peuvent pourtant faire les pacifistes actifs, ce qu'il est du devoir de chaque homme de cœur de faire, c'est d'éviter que la guerre ne disparaisse « qu'après avoir fait disparaître l'humanité ». Et c'est là la mission de l'Internationale Pacifiste. Elle doit rendre de plus en plus évident l'autre phénomène, que nous avons nommé : la mutation humanitariste. Ce phénomène est encore entravé par les ruines de la guerre précédente, par le chaos économique des États européens, par les luttes sociales du sein de chaque nation. La mutation humanitariste surgira tel un rocher du milieu des vagues, uniquement par l'organisation planétaire du pacifisme. De même que la guerre a utilisé tous les *bons* éléments : économiques, techniques, scientifiques et même moraux, en les dénaturant pour les assimiler dans son insatiable corps d'acier et de boue ensanglantée, de même aujourd'hui la Paix a plus que jamais le droit et le devoir d'utiliser les valeurs de la civilisation, depuis la technique jusqu'à l'art, pour le bien réel de toute l'humanité.

Cela est faisable. A commencer par le refus individuel de porter ou de forger des armes et en finissant par la grève générale (qui n'est que la forme européenne de la non-violence indienne), il existe de nombreuses possibilités pour obtenir le désarmement total (matériel et moral) et pour provoquer la paralysie du gigantesque mécanisme du capitalisme qui engendre les guerres (1). Quel-

(1) Voir l'Annexe D.

ques grains de sable sont suffisants pour déranger les rouages d'une machine. L'exemple des milliers d' « objecteurs de conscience » porte ses fruits dans des millions de cœurs. Car, avant tout désarmement, il est nécessaire d'écarter cette *mentalité* guerrière qui subsiste encore dans le subconscient des masses et même de beaucoup de socialistes, d'anarchistes, de démocrates, de révolutionnaires et de quelques-uns qui se proclament pacifistes (de droite). Ce qu'il faut écarter, ce n'est pas la force — mais le fétichisme de la force; non pas la guerre — mais le « respect légal » de la guerre (1) ; non

(1) Victor Hugo a depuis longtemps crié cette vérité : « Déshonorons la guerre ! »

Cette vérité est également reconnue par les « pacifistes » officiels, de droite, qui se sont empressés de saluer la journée du 27 août 1928, lorsque le *Pacte Kellogg* fut signé, comme l'aube d'une ère nouvelle dans l'histoire de l'humanité. Ce Pacte, d' « origine française et de réalisation américaine », en plaçant la guerre hors la loi, comporte tant de vices organiques, qu'il risque de devenir, comme tant d'autres traités, un simple « chiffon de papier ». Nous reproduisons pourtant quelques mots caractéristiques, prononcés par Frank B. Kellogg, à l'occasion de la signature du pacte :

« Je ne m'abandonne pas à l'espérance que les

pas la patrie — mais la militarisation de la patrie...

Parallèlement à l'organisation du pacifisme, ou, pour être plus précis, simultanément avec cette organisation, l'Internationale Pacifiste — formée par tous les groupements de gauche — a la mission de donner, à l'individu comme aux peuples, cette éducation basée uniquement sur la liberté et l'amour et qui mène à la reconnaissance du côté humain que recèle chaque homme. Nous n'avons pas à créer une nouvelle humanité, mais à réveiller « les cordes qui sommeillent » du pacifisme de l'espèce et de la solidarité universelle.

L'internationale Pacifiste a besoin à cet effet de quelque chose de plus que d'un principe central que vous nommez « communion

---

traités d'arbitrage et d'amitié, pas même ceux qui annoncent expressément qu'ils répudient la guerre comme instrument de la politique nationale, puissent offrir une sûre garantie contre ces conflits qui mettent périodiquement aux prises les nations depuis le commencement de l'histoire universelle. *A côté de ces traités doit exister aussi une conscience mondiale, la conscience de l'énorme, de l'immense horreur qu'est chaque guerre* ». (Adevarul, 31 août 1928.)

entre tous les vivants ». Elle a besoin d'une synthèse des progrès réalisés dans tous les domaines créateurs : d'une conception résultant de toutes les doctrines sociales et éthiques des autres internationales : démocratique, socialiste, paysanne, anarchiste, religieuse, etc. J'ai nommé cette synthèse, cette conception superposée à celles qui existent : humanitarisme. Témoin de son ampleur et de sa *mobilité* sont « *Les Principes humanitaristes* » que je me suis efforcé de formuler avec mes faibles moyens, avec le sentiment humain et l'instruction que j'ai pu m'assimiler. Ils sont

« mon tribut et mon don, mon geste de liberté et ma parole d'amour. Ils sont le fruit de tous les fruits... Ma vérité est la vérité de tant de chercheurs; mes aspirations sont celles des précurseurs; ma foi est celle de ceux qui ont souffert pour des idéals : je suis le débiteur de tous mes ascendants... » (1).

(1) *L'Humanitarisme et l'Internationale des Intellectuels*, Épilogue, pages 257-8.

Il se peut que l'humanitarisme n'aie pas « la dernière précision scientifique », comme le demandent certains socialistes, qui oublient qu'aujourd'hui l'on conteste au marxisme aussi la dernière précision scientifique (1). Il se peut qu'il ne réponde pas au goût ultra-raffiné des esthètes ou des romantiques, qui fuient les contours précis, préférant les arabesques vaporeuses de la rêverie. Il se peut que des philosophes habitués à la perfection des univers abstraits — et des prêtres, confiants dans la sagesse divine, refusent la connaissance d'un monde positif, où les extrêmes peuvent être harmonisés non par simple dialectique, mais par des faits, — d'un monde où l'homme n'est plus l'esclave timoré de la « justice divine », mais où il s'est lui-même divinisé, en faisant descendre Dieu du ciel sur la terre... Oui! Les principes humanitaristes peuvent être contestés, critiqués, repoussés, faussés, dénaturés, ironisés... L'humanitarisme -- ou n'importe comment il sera nommé plus tôt ou plus tard -- reste

(1) *Humanitarisme et Socialisme*, pages 12-15.

au-dessus des querelles de clocher, des partis politiques, des castes. Il reste comme l'expression directe de « l'organisme de l'humanité » — et l'Internationale Pacifiste est l'instrument qui établit l'harmonie sociale et élargit sans cesse les domaines de la véritable *lutte*, qui commence avec la matière et mène vers les victoires de l'Esprit.

III

RÉVOLUTION ET PACIFISME

Je mettrais comme sous-titre à ce chapitre : « La quadrature du cercle », si je voulais éviter de regarder en face le redoutable sphynx de la Révolution. Si nous ne pouvons trouver encore la solution précise, définitive, en ce qui concerne le rapport entre la révolution et le pacifisme — il est de notre devoir de chercher sans répit le chemin qui nous fera sortir du labyrinthe qui, siècle par siècle, a été compliqué par les maîtres sanguinaires de cette humanité martyrisée. Dans ces quelques pages auxquelles j'ai limité la discussion, je ne pourrai qu'indiquer les points de vue généraux.

Dans votre lettre du 24 juillet, vous avez cité la moitié d'une phrase de mon exposé et que je me permets de reproduire ici en entier :

« Nous condamnons la guerre, mais nous condamnons aussi la révolution, parce que nous sommes contre toute violence politique et contre toute intolérance morale et spirituelle. »

Et vous avez répondu :

« Non, je ne condamne pas la révolution. Je crois la révolution, aussi bien que l'évolution, une forme nécessaire et fatale du développement humain : c'est la « *Variation brusque* » de De Vries — c'est une loi, non définie encore, mais auguste et élémentaire. Révolution n'est point nécessairement synonyme de brutalité cruelle. Elle peut être une explosion d'enthousiasme et d'amour. Telle fut, au début, la Révolution de 1789. Si elle dégénéra en Terreur, il n'y avait là rien de fatal, mais manque fortuit d'intelligence politique et sociale, erreurs criminelles d'une royauté faible jusqu'à la trahison et d'une démagogie issue de la non-maturité du peuple et de la carence de vrais chefs. Mais la révolution est un *tempo*, presque inévitable, de la symphonie de l'histoire. Et il ne faut en nier ni la grandeur, ni même le bienfait. »

Celui qui nous a donné les drames si pathétiques compris dans le cycle : « *Théâtre de la Révolution* », ne saurait, en effet, condamner la Révolution. Il a pénétré, avec son cœur et sa pensée clairvoyante dans ses mystères tourmentés — et il a le droit de nous avertir que nous ne devons pas en nier la grandeur et les bienfaits. Non! moi non plus je ne saurai nier la grandeur de la Révolution idéale! Avant d'éclaicir cette phrase de mon exposé : « Nous condamnons la guerre, mais nous condamnons aussi la révolution... » qu'il me soit permis, en prenant pour témoin « *L'Humanitarisme et l'Internationale des Intellectuels* », d'évoquer l'éternel Spartacus.

... Il n'est pas seulement l'ancien esclave romain, mais le symbole de ceux qui ont traîné les foules vers de nouvelles ascensions. Il est le même dans toutes les époques : avec le même geste qui brise la chaîne, avec le même torse dressé au-dessus de la tombe d'un passé plein de souffrances, mais aussi d'espérances. La révolution (religieuse, économique, politique) représente l'élan élémentaire de la vie humaine vers « une déesse lumineuse, aux mille figures : la Liberté! La servitude extérieure, sociale — et la servitude intérieure, morale, individuelle, sont les deux grandes malédictions devant lesquelles l'homme ne peut jamais s'incliner avec une totale résignation ». Mais la révolution sociale n'est pas toujours la suite naturelle de la révolte intérieure, jaillie dans la conscience de l'individu. C'est pourquoi la révolution est violente, sanglante comme la guerre. « *Elle n'est pas le terme final d'une évolution — mais une anticipation sur celle-ci.* Elle est la forme qui cherche son fond; la vieille société devra entrer dans le moule nouveau, écrasée comme les raisins sous les pieds des géants révoltés »... La foule est entraînée. Elle a été habituée au fouet, qui lui donne l'élan désespéré vers le salut : bond aveugle, vers de nouvelles illusions. « Les libérateurs d'aujourd'hui deviennent les maîtres de demain. Les idéalistes de 1789 ont proclamé les Droits de l'Homme et ensuite, devenus « bourgeois », ils les ont reniés et ont provoqué la révolution de 1848, puis la terrible guerre civile de la Commune en 1871... Le rythme du progrès social présente des gouffres et des cimes. Après la stagnation et la décomposition, une réaction vitale ; après la guerre entre les nations, la guerre entre les classes d'une même nation » (pages 59-60). *La révolution n'est pourtant que le fruit de la guerre!* Le grand enseignement des guerres et des révolutions, est le suivant : « Ce n'est pas au delà des frontières — mais dans ton pays, qu'est « l'ennemi séculaire »; et ce n'est pas seulement le « maître » qui porte la responsabilité de ton esclavage (qu'il a hérité comme une chose), mais c'est surtout toi, qui ne te révolte pas contre toi-même : tu attends le fouet, Homme ! »... Quand la loi intérieure, de l'impératif moral, individuel, deviendra dominante, la révolution cessera d'être sanglante, de même que « la guerre disparaîtra lorsque les nations auront rejeté leurs propres maîtres, adorateurs de trois idoles : l'État, la Propriété et l'Argent » (page 60).

Mais jusqu'alors ? Les uns ont annoncé que le vingtième siècle sera celui de la Révolution! — Évoquons d'abord les révolutions récentes, qui ont commencé à établir l'époque socialiste. Plus exactement : quelques figures... Jean Jaurès, la première victime de la guerre de 1914, était un sage — descendu des royaumes de la Raison sur le champ de la lutte sociale. Les uns l'ont nommé « utopiste », d'autres : « prophète de la démocratie européenne. » Il a compris que le processus économique ne pouvait être séparé des autres réalités humaines. Il n'a pas été un fanatique : il tendait à l'harmonie de tous les antagonismes sociaux. Il n'a point proclamé une nouvelle violence contre l'ancienne oppression. Il était plus près de l'esprit du marxisme que les extrémistes qui le qualifiaient d'évolutionniste à tendance bourgeoise. Il n'a pas voulu séparer le passé de l'avenir — et il a proclamé que le progrès de l'humanité présente une lente continuité (parce que le réveil de la foule est lent). La civilisation est étroitement liée à l'évolution sociale. « En réconciliant Plutarque, Michelet et Karl Marx, nous saluons avec un égal respect tous les héros de la volonté. » (1).

Avec l'assassinat de Jaurès, l'Internationale des Prolétaires s'est morcelée dans le tourbillon de la guerre. Ceux qui fraternisaient aux congrès s'égorgeaient dans les tranchées... Et la voix gigantesque de Karl Liebknecht a retenti alors : « Je ne tirerai pas! » Il a sauvé le prolétariat de la honte d'une totale abdication devant le Moloch de fer. Seul, au Reichstag, il a voté contre les crédits militaires. Il fut le premier héraut de la révolution, en Allemagne. Il a défié le tribunal militaire : « Votre honneur n'est pas mon honneur!... Je suis ici pour accuser — et non pour me défendre ! » (2).

(1) J. Jaurès : *Histoire socialiste de la Révolution*, Introduction.

(2) D'après les débats du procès publiés par la revue *Die Aktion*.

« Liebknecht est tout le contraire de Jaurès. Non pas l'harmonisation, mais *tabula rasa!* Contre la violence de quelques-uns, il n'y a que la dictature de la majorité, obtenue par la force armée. Non pas l'humanité, mais des classes! Le problème social dans sa simplification ultime : capitalisme — prolétariat ! ou dans un camp ou dans l'autre... C'est l'impératif du moment, l'exaspération de ceux qu'on fustige : « Il nous faut la Force (qui est la même que celle des maîtres), mais contre l'ancien monde et pour nous, le Peuple! » La formule de Lénine jetée en défi en 1917, au moment de son départ de Suisse, est devenue aujourd'hui une réalité fantastique : « Transformation de la guerre capitaliste en guerre civile »...

« En vain Liebknecht a crié sur le front : « Je ne tirerai pas! » La foule a appris à tirer. Elle a retourné le fusil vers le cœur de la patrie. Elle a cru alors que la patrie était morte, en même temps que les représentants de l'État capitaliste et guerrier. Elle a cru que tout était prêt pour l'instauration d'un monde nouveau, du moment où ses représentants « autorisés » avaient occupé les fauteuils du pouvoir. Elle a remplacé les hommes, mais la vieille âme est restée vivante : la Haine, avec sa force et son intolérance » (1).

C'est ainsi que la guerre a été effectivement remplacée par la révolution. La même foule, pour laquelle Jaurès a parlé avec tant d'amour et de compréhension, et pour laquelle Liebknecht a fanatiquement rugi le mot magique de la délivrance, — la foule qui ne s'est pas encore révoltée contre ses propres instincts sanguinaires, — est devenue l'instrument de meurtre des nouveaux dirigeants. Elle a tué et Karl Liebknecht et sa camarade Rosa Luxembourg... La logique de la Folie-rouge est impitoyable : *un nouvel ordre social, établi par la force et l'intolérance, ne peut être maintenu autrement que par la force et l'intolérance*. Le flux de la guerre est emporté par le reflux de la révolution, et ce dernier par le nouveau flux : la contre-révolution...

(1) *L'Humanitarisme et l'Internationale des Intellectuels*, chap. Fresque des Précurseurs, page 63.

Osons considérer la réalité sous tous ses aspects contraires. « Si le moment présent nous accable de son tragique démenti, de sa grandeur créatrice ou catastrophale, il ne faut pas oublier que ce moment est un anneau de la chaîne forgée au moyen d'efforts continus à travers les siècles... Si la révolution nous terrifie par les nouvelles victimes qu'elle demande, par ses horreurs d'autant plus cruelles qu'elles se déroulent au sein de la nation elle-même, — nous en démêlons cependant le sens idéal et ne pouvons pas, en intellectuels, rester passifs ou nous réfugier en deçà de la barricade, dans le vieux monde » (page 64).

C'est pourquoi j'ai salué également la nouvelle aurore parue à l'horizon européen : la Révolution russe de 1917.

« Nous avons devant nous l'acte le plus gigantesque, le plus essentiel de l'histoire. Un acte qui a brusquement endigué l'évolution sociale et l'a dirigée vers d'autres horizons, profonds et pleins de désastreuses mais aussi de miraculeuses possibilités... Une partie de l'humanité a fait le saut héroïque dans l'avenir — avec des égarements et des sacrifices — mais elle a ouvert la Voie nouvelle à l'humanité martyrisée. Ses sacrifices ne sont pas vains : ils éveillent la conscience des millions d'anonymes, ils ennoblissent l'homme — ce même homme qu'on a transformé en bête fauve » (1).

Les ondes du séisme russe se sont répercutées dans tous les pays européens : des empires se sont écroulés et de nouveaux États ont surgi. Spartacus est de nouveau né sous d'autres figures, mais avec le même geste. Le vieux monde n'a pas laissé échapper tous les instruments de la Force. « Deux géants se disputent la même place : le Capitalisme et le Socialisme. Nous pourrions ajouter à chacun de ces noms toute une série d'attributs: c'est le même dualisme élémentaire. Deux camps sont aux prises et c'est la souffrance du peuple qui fait les frais du combat. Les Blancs et les Rouges! Ce sont

(1) *L'Humanitarisme et l'Internationale des Intellectuels*, chap. « Fresque des Précurseurs », page 65.

tantôt les uns, tantôt les autres qui s'asseoient sur le trône magique du Pouvoir. »

Mais la seule victoire consiste dans le réveil des peuples :

« Le marteau aveugle de la guerre et celui — libre, volontaire — de la révolution, sont venus frapper sur les cervelles assoupies. Et les étincelles de la Conscience ont jailli en révélant le fonds d'humanité qui se cache dans le cœur de l'homme... Le chaos de l'Europe ne nous désespère pas. Nous savons qu'il étend son ombre sur les autres continents également. Nous savons que de nouveaux désastres et de nouvelles victoires sont en germe dans les formidables « problèmes » de la politique mondiale. Nous avons pourtant une certitude : chaque nation commence à faire retour sur elle-même, en y cherchant son centre de gravité. Elle doit rester chez elle et y remplir sa mission qui est identique à celles des autres nations »... (1).

Et l'océan de l'humanité se calmera à la

(1) *Id.*, *id.*, pages 66-67.

fin, inondé de lumière, plein des actives fourmilières qui dressent dans les profondeurs les féeriques palais de la Paix et de la Civilisation...

Voici, cher Maître, ce que j'écrivais en 1921. — Je suis à vos côtés pour magnifier la Révolution idéale. La révolution qui est le terme final de l'évolution : un élan créateur — d'une cime sur une autre cime. Vous avez parlé comme un « serviteur de l'Esprit » et vous avez pu « sentir les passions et sentir le calme, être les autres et soi » (1). Permettez-moi de suivre votre pensée intime, afin de m'éclairer moi-même. « Je suis fait pour l'amour et non point pour la haine » (2) — et c'est pourquoi, en vous situant dans le plan spirituel, la violence vous est apparue comme « une erreur, parce qu'elle est une négation ou une limitation ».

(1) P. J. Jouve : *Romain Rolland vivant*, éd. Ollendorff, Paris 1920. — Lettre personnelle, 4 décembre 1914, page 144.
(2) *Id., id.*, page 150.

Tel est le problème central de la révolution, — son point névralgique. La violence serait-elle fatalement liée à la nature de la révolution? Sommes-nous condamnés à souffrir la malédiction de la violence et à continuer à travailler pour l'humanité en foulant aux pieds ses cadavres? Celui qui veut répondre en toute sincérité à cette question, ne peut se limiter à sa propre conscience, — mais est forcé de considérer aussi les réalités sociales. Vous avez pu demeurer ferme devant la grande question et répondre :

« Jamais! Toute violence me répugne, autant celle des révolutionnaires que celle des impérialismes capitalistes et militaires. Ce sont tous des impérialismes (*imperare* — écrasement de la liberté). Si le monde ne peut pas se passer de violence, mon rôle, du moins, dans le monde, n'est pas de pactiser avec elle, mais de représenter un principe autre et contraire, qui lui soit un contrepoids » (1).

(1) P. J. Jouve : *Romain Rolland vivant,* lettre personnelle, 1er mai 1917, page 152.

Vous avez également répété cette déclaration d'indépendance de l'Esprit dans votre lettre du 15 mai 1917 :

« Je ne suis ni révolutionnaire, ni anti-révolutionnaire; je suis sur un autre plan de la pensée, qui embrasse l'ensemble des événements passés et futurs. Mais du moment que vous et moi descendons sur le plan de l'action, nous sommes tenus d'y adapter notre langage, si nous ne voulons pas que des mots mal compris ne produisent des effets désastreux et contraires à notre pensée même. Sur le plan de l'action, je suis forcément avec ceux qui vont vers l'avenir, et je me sépare forcément de ceux qui, non contents de se cramponner au passé, veulent y ligoter les autres ».

Dans la même lettre vous précisez que vous êtes pour une totale rénovation sociale — morale, religieuse, esthétique — mais :

« C'est la violence que je condamne. Et je la condamne chez tous les partis. Si on me prouve qu'elle est inhérente à l'action positive (ce qui se peut discuter), — en ce cas, c'est que mon action est autre, et sur un autre plan, celui de l'Esprit, où la violence est une erreur, parce qu'elle est une négation ou une limitation » (1).

Lorsque j'ai condamné **la révolution**, je ne me suis pas élevé sur les sommets vertigineux de l'Esprit. J'ai vu en elle un nouveau masque de la guerre. Après les révolutions de 1917 et 1919, lorsque beaucoup pouvaient se laisser entraîner par « l'explosion d'enthousiasme », par les visions d'un nouveau monde, — aujourd'hui nous pouvons juger de façon calme, après avoir ressenti les passions. Et j'ai acquis la conviction que la violence est liée à la révolution comme à la guerre. *D'autres* dirigeants politiques, au nom de certains idéals — souvent désignés par le même nom — ont armé le peuple. Le système militariste s'est également maintenu dans les pays révolutionnaires. Qui pourrait, par exemple, montrer la différence entre l'ar-

(1) *Id.*, *id.*, lettre personnelle, 15 mai 1917, page 151.

mée tsariste et l'armée bolcheviste ? La *méthode* est la même. D'aucuns se hâteraient de dire que sous le tsarisme le peuple mourait pour les intérêts de ses maîtres et qu'à présent il défend ses propres intérêts... Est-ce que les intérêts politiques d'un parti sont identiques aux intérêts simplement humains d'un peuple ? Une *autre* minorité conduit le peuple, par la même oppression, vers des guerres civiles et des guerres contre les États « impérialistes ». Est-ce que le communisme russe n'est pas tout aussi impérialiste dans sa tendance d'expansion mondiale ? Et pourra-t-il maintenir le « nouvel ordre » autrement que par la force et l'intolérance ?

Voilà pourquoi, égalant **la révolution à** la guerre, nous l'avons condamnée. La paix ne peut qu'être intégrale : entre les nations, mais aussi entre les catégories sociales. Si même les chefs des États capitalistes tendent à reconnaître — sincèrement ou hypocritement — que les conflits nationaux entre États ne peuvent plus être tranchés par la force des armes (Pacte Kellogg) — n'est-elle pas plus évidente encore l'absurdité de chercher la solution des conflits sociaux, entre les classes, par des méthodes guerrières, dénommées révolutionnaires? C'est pourquoi nous répétons que ce n'est pas la force qui doit être écartée, mais le fétichisme de la force, dont sont obsédées les nouvelles oligarchies : celles qui se croient révolutionnaires, mais qui ont trahi la véritable Révolution.

Les nouvelles oligarchies apparues au début de l'époque socialiste, sont fondées sur des conceptions *politiques*. J'insisterai à ce sujet dans les pages qui suivent. — Je m'arrête un instant à ces intellectuels qui, tout en déclarant qu'ils veulent la « révolution des esprits », n'ont pu se maintenir, comme vous, dans le plan de l'Esprit. C'est uniquement parce qu'ils se sont laissé tromper par les mirages de la Politique, qu'ils se sont attachés aux actions « révolutionnaires » basées sur la force et l'intolérance. Dans l' « *Humanitarisme et l'Internationale des Intellectuels* » j'ai consacré tout un chapitre à l'évolution du groupe « Clarté », qui promettait de devenir le noyau d'une véritable Internationale des Intellectuels — et, par conséquent, de l'Internationale Pacifiste. Par son manifeste d'adhésion à la Troisième Internationale, le groupe « Clarté » a lui-même prononcé sa sentence de mort (1).

Dans « *La lueur dans l'abîme* », ensuite

(1) *L'Humanitarisme et l'Internationale des Intellectuels*, chap. IV : Groupe « Clarté », ses principes et son évolution, etc., pages 68-84.

Une confirmation occasionnelle, mais particulièrement importante, de notre critique sur l'évolution politique du groupe « Clarté », nous la trouvons dans une lettre de René Virault, l'un des secrétaires de la revue *Clarté*. Car, à la date de la lettre, au 28 août 1923, le groupe n'existait plus, mais seulement la revue *Clarté*. J'ai reproduit cette lettre dans *Humanitarisme et Socialisme* (pages 57-58). J'en reproduis ici aussi la partie essentielle :

« En réponse à votre lettre du 22 courant, nous « avons le regret de vous informer que nous ne pos- « sédons aucun exemplaire des premiers manifestes « des Groupes « Clarté ». *Ceux-ci étant supprimés,* « *en raison du trop grand éclectisme des intellectuels,* « *nous avons préféré laisser à chacun le soin de se* « *déterminer dans d'autres groupements et en dehors* « *de notre responsabilité.* »

Le revue *Monde*, qui paraît depuis le 9 juin 1928, sous la direction de Henri Barbusse (ayant un comité directeur composé de A. Einstein, M. Gorki, Upton Sinclair, M. de Unamuno, L. Bazalgette, etc.) est une tentative de faire renaître le groupe et la revue *Clarté* sous leur première forme : apolitique.

dans une brochure au titre d'une agressive sincérité : *« Le couteau entre les dents »*, Henri Barbusse a développé un plaidoyer systématique afin de prouver que le communisme est la conclusion logique pour tout intellectuel. Quel éloignement de « l'Appel pour le premier congrès de l'Internationale des Intellectuels » que vous avez signé, en 1920, avec Georges Duhamel et Barbusse lui-même ! (1). Dans cet Appel on demandait l'établissement d'un « régime qui donne à l'esprit la force de résister aux entreprises de la violence »... « L'Internationale de la Pensée » avait la mission de créer et de conserver la « pure atmosphère morale, nécessaire à *la recherche de la vérité*,... la base indispensable de tout progrès individuel et social, — et le gage de l'union rêvée entre les peuples »...

Mais Barbusse, descendant dans le plan de l'action, s'est laissé dominer par des contingences politiques. Oubliant que la violence engendre la violence, il la justifie

(1) *Clarté*, n° 9, janvier 1920.

« provisoirement ». Comme tout rationaliste puritain, comme Robespierre et Saint-Just, l'auteur du roman « *Le Feu* » a une logique claire mais fanatique : « Qui veut la fin, veut les moyens »... « La violence est le seul moyen de couper court au cercle vicieux des forces établies, contre lesquelles se sont heurtés, émiettés et dispersés jusqu'ici, les efforts des protestataires ». Pour ces derniers, « la violence n'est qu'une arme défensive »; « elle est mieux qu'une arme, *c'est le seul instrument qui puisse construire la justice* »... « *La Raison crie vers la force réalisatrice* » (1).

Si un Barbusse est convaincu que la violence est le seul outil qui puisse fonder la justice — et il le proclame au nom de la Raison! — pouvons-nous nous étonner encore que les guides politiques des révolutions n'hésitent pas à organiser militairement le peuple, menant des guerres civiles, comme les capitalistes mènent des guerres entre les nations? — Et, voici que la haine et le mensonge sont perpétués par ceux-là même qui

(1) *Le couteau entre les dents*, pages 46-47.

parlent au nom de l'amour et de la vérité! La force souille les idéals les plus purs. Tolstoï nous l'a dit en 1904 : « La grande Révolution française a proclamé des vérités indubitables, mais toutes sont devenues mensongères lorsqu'on a commencé à les appliquer par la force » (1). Si le prophète de Iasnaïa s'est montré si sévère à l'égard des « idéalistes » de 1789, quelle parole de feu n'aurait-il pas prononcée contre les implacables « théoriciens » de son propre pays !

Ce n'est pas seulement dans la Russie communiste, mais partout ailleurs où commence à se réaliser le socialisme, que persiste l'hérésie meurtrière de la force et de l'intolérance. L'on pourrait nous objecter que les révolutionnaires sont obligés de s'armer afin de pouvoir répondre à l'agression des réactionnaires. L'on dit que les « armées révolutionnaires » sont fatales (mais temporaires) dans la phase de transition du capitalisme au socialisme; l'on dit encore que la révolu-

(1) Valentin Bulgakov : *Gedanken Leo Tolstois über Gewalt, Krieg und Revolution*, 1928, page 17 : *Journal* de 1904.

tion économique, en supprimant les classes, fera disparaître les causes des guerres, etc.

La discussion menace de tourner dans un cercle vicieux. La question claire, élémentaire, est la suivante : la suppression de la guerre, de n'importe quelle guerre nationale ou civile. Nous avons à choisir aujourd'hui catégoriquement entre la violence et la non-violence. Nous n'avons pas à choisir entre des formules vagues, hybrides — mais entre deux mondes, deux conceptions, deux méthodes irréconciliables. Comme humanitariste, je ne puis que proclamer le pacifisme intégral. Mais toujours en qualité d'humanitariste, qui reconnais le « processus historique du matérialisme », j'ai le devoir d'être à côté du prolétariat, qui lutte contre l'esclavage de la propriété et du salaire. Je suis à côté des socialistes — mais aussi pour les avertir continuellement des dangers qui les menacent : pour leur rappeler, qu'à côté des intérêts économiques, il y a des intérêts et des idéals supra-ordonnés de l'humanité.

J'ai examiné ces questions essentielles avec toute l'attention qu'elles comportent, dans « *L'Humanitarisme et l'Internationale des Intellectuels* », en deux chapitres consacrés au socialisme et au communisme (40 pages) et dans une brochure comprenant un échange de lettres avec Lotar Rădăceanu, le secrétaire du parti socialiste de Roumanie, intitulée : « *Humanitarisme et Socialisme* » (88 pages). L'exposé des questions est assez concentré. Je ne puis ici que redonner quelques-unes de mes conclusions. — Les critériums objectifs qui m'ont guidé dans ces discussions sont les suivants :

1° La loi de l'individualité (que nous considérons comme une loi universelle) sera-t-elle contredite par le *collectivisme absolu* de la société socialiste?

2° Le plan d'organisation de la société socialiste ne peut-il être en désaccord avec les tendances naturelles d'évolution de toute l'humanité?

En montrant que le socialisme est une époque des plus importantes dans le développement de la société humaine, — mais seulement une époque basée en premier lieu sur les intérêts matériels, j'ai précisé qu'il ne résoud pas, avec le problème économique, les autres problèmes qui lui sont superposés. Le socialisme, par sa simple victoire, ne supprime pas les classes, mais les maintient par sa méthode impérative (la Russie) ou transactionnelle (l'Allemagne). La civilisation pourra être sauvée et le niveau intellectuel général pourra être relevé. Mais, de même que le capitalisme, le socialisme tend vers la gigantanasie. Nous sommes dès aujourd'hui les témoins de cette tendance de croissance illimitée. L'application de la loi biologique de la gigantanasie dans le domaine social n'est pas forcée. Les empires assyrien et romain ont péri de gigantanasie ; le catholicisme et le capitalisme périssent de la même cause. Leur disparition n'est pas brusque comme l'a été celle des monstres de la nature. Par l'*organisation sociale* de l'instinct de conservation, les époques nommées absolutistes, féodales, cléricales, etc. ont persisté d'une manière oppressive, en prolongeant leur sanglante agonie. La réaction est donc un effet de la gigantanasie sociale. Le capitalisme, au lieu d'évoluer normalement vers le socialisme, veut maintenir sa puissance par des guerres. Le socialisme, à son tour, ne comprend pas toute l'humanité, mais seulement une classe : celle des prolétaires. Tant que d'autres catégories sociales existent (qui ont elles aussi des tendances de croissance illimitée), le prolétariat aura à supporter les limites imposées à sa croissance. Si la croissance du socialisme se fait au détriment d'autres classes (manuelles ou spirituelles), s'il contredit l'évolution naturelle de l'espèce humaine, le socialisme arrivera — après sa phase gigantesque, qu'il voudra maintenir par *tous les moyens*, — au même dénouement, préparant l'apparition d'une nouvelle époque sociale.

Ne peut-on pas, par exemple, prévoir que la pression égalitaire du socialisme provoquera, conformément à la loi de l'individualité, une immense effervescence anarchiste? Est-ce que la civilisation socialiste ne sera pas dénaturée, si elle se trouve sous la domination d'une minorité, qui fera du prolétariat un but en soi? La nouvelle oligarchie politique socialiste pourrait arriver à lutter même contre le prolétariat — (le communisme de la Russie a détruit la vieille bourgeoisie, pour tolérer ensuite la nouvelle bourgeoisie des « Nepmans », maintenant sous la pression des « lois » les prolétaires comme les paysans). Et les intellectuels qui proclameront les droits de l'Esprit, de même que les humanitaristes qui défendront les intérêts et les idéals de l'humanité, seront déclarés les ennemis de la société et de l'*État* socialiste... Ce ne sont pas là de simples exagérations pessimistes, mais des conclusions imposées par les premières réalisations socialistes. La possibilité de la guerre dans l'époque socialiste n'est nullement à dédaigner.

Pour comprendre toutes nos appréhensions à ce sujet, nous devons préciser que l'humanitarisme est anti-étatiste, tandis que le socialisme en est resté encore au dogme de l'État. L'humanitarisme, qui a parmi ses principes : la tendance vers l'unité, prédit que les nombreux États d'aujourd'hui se fondront, par pacifisme et internationalisme, dans des fédérations d'États, ensuite en des États continentaux, jusqu'à ce qu'ils deviennent l' « État unique » de l'humanité. Reconnaissant avant tout les lois naturelles de l'évolution de l'espèce humaine, les humanitaristes considèrent l'État comme une superstructure parasitaire, maintenue par la force « légale », c'est-à-dire par de l'autorité arbitraire. La conception de « l'organisme de l'humanité » n'est pas abstraite. L'humanité *est* un organisme à présent aussi, lorsqu'elle est divisée en États nationaux. Lorsqu'il y aura l'État unique, l'humanité prendra entièrement conscience du fait qu'elle est un organisme unitaire. Alors elle se rendra compte que l'État (qui est et qui restera dans n'importe quelle *société* un appareil administratif et exécutif, avec des pouvoirs centralisés aux mains d'une minorité) — aura constamment le même caractère oppressif et parasitaire. Il constitue dès à présent une carapace écrasante sur les corps pleins de vie des peuples. L'humanité tend à se délivrer de cette carapace devenue inutile. Les uns ont nommé cette délivrance : « lente désintoxication d'État. » Notre anti-étatisme n'est pas pour l'avenir; il se manifeste dès à présent par le fait que nous n'avons plus le fétichisme de l'État. La tendance vers l'unité du socialisme ne va pas jusqu'à l'organisme de l'espèce, mais seulement jusqu'à des fédérations d'États socialistes — et quand on arrivera à l'État unique, planétaire, les socialistes ne pourront plus maintenir leur *puissance politique* que par la défense de l'idée d'État, qui correspond — comme nous l'avons dit — à un appareil administratif centralisateur, conduit par une minorité privilégiée (1).

*
* *

Nous sommes ainsi arrivés à la conclusion naturelle de notre anti-étatisme. L'humanitarisme est *a*-politique — et même *anti*-politique. Il me semble qu'ici se trouve l'explication dernière des problèmes sociaux. La politique est l'expression de cette « soif du pouvoir » qui traîne après elle l'immense vanité des existences médiocres, utilitaires et lâches. Quelle qu'en soit la définition idéaliste, « philosophique », la politique a été et reste dans

(1) Cf. *Humanitarisme et Socialisme*, pages 73-75.

son essence la lutte, par la force armée, pour la domination. Elle n'est que l' « activité » des catégories parasitaires; « c'est l'organisation (sur des principes qui sont très peu ceux de la raison et de la justice) — des « intérêts » d'une minorité tendant à maintenir le dualisme du privilégié et de l'exploité. La politique est une occupation distractive de la « noblesse » (qu'elle soit féodale, royale, républicaine, capitaliste, ecclésiastique ou esthétique) et qui ignore le véritable progrès intellectuel et humanitaire. »

« La politique est la foire aux vanités sociales où tout est masque et protocole, intrigue et fourberie; c'est l'abri de tant d'idoles sanguinaires, de tant de superstitions, de tant de stagnations... Toutes les institutions sociales, depuis l'école jusqu'à l'église, depuis le Parlement jusqu'à l'Académie sont prises dans le filet de la Politique — et subordonnées à ceux qui ont intérêt à perpétuer l'esclavage et l'ignorance » (1).

(1) *L'Humanitarisme et l'Internationale des Intellectuels*, page 151.

Cette politique ne peut être soutenue par les vrais pacifistes. Leur mission est de la faire disparaître. — Par malheur, il y a aussi une « politique de gauche », il y a des politiciens intellectuels et socialistes dont la mentalité et la physionomie ne diffèrent point de celles des politiciens capitalistes et militaristes. Tous s'appuient sur la force et l'intolérance; tous sont possédés par l'ambition de dominer, par la diabolique soif d'arriver au pouvoir, même en piétinant les mêmes corps vivants des peuples. Est-ce que les luttes souvent violentes, entre les partis socialistes, ont d'autres causes que les motifs politiques, c'est-à-dire les dogmes représentés par certaines minorités de fanatiques qui veulent régner eux tout seuls? La politique a brisé l'unité de l'Internationale prolétaire. La politique extrémiste des bolcheviks a suscité la politique tout aussi néfaste des fascistes. La politique seule entrave le triomphe du socialisme (1).

C'est le moment de reconnaître la diffé-

(1) Cf. *Humanitarisme et Socialisme*, page 61.

rence qui existe entre les trois séries d'idéals : politiques, sociaux, humanitaires. — « Les idéals politiques sont éphémères; les idéals sociaux sont ceux d'une époque; l'idéal humanitaire reste permanent, comme l'espèce humaine elle-même. Cet idéal n'est-il pas en effet aussi celui des premiers âges de la société et de la civilisation? Il est évident qu'il y a des liens entre ces trois sortes d'idéals. Ceux de nature politique se sont réalisés plus tôt que les idéals sociaux, mais d'autres les ont rapidement remplacés. Les idéals politiques ne contiennent pas ce que l'on a nommé « l'humain en général » ; ils sont localisés selon les pays et les nations, et diffèrent même au sein d'une seule nation — se rapportant uniquement aux éléments matériels de la vie humaine » (1).

Les idéals sociaux, vastes et profonds, correspondent à des réalités qui ne sont pas seulement nationales, mais qui représentent des situations économiques et intellectuelles qui embrassent des races et des continents.

(1) *L'Humanitarisme et l'Internationale des Intellectuels*, pages 150-151.

Issus du changement des conditions d'existence, d'impératifs matériels (mais « humains en général »), les idéals sociaux sont en antagonisme avec les idéals politiques — qui ne sont pas ceux de la nation, mais de ses « maîtres », qui continuent à cultiver *la confusion entre les intérêts politiques et les intérêts sociaux*. Ce n'est qu'ainsi que l'on a pu mener des guerres au nom de certaines idées supérieures : pour « le droit et la civilisation », pour « la liberté et la démocratie »... Les peuples ainsi trompés, ont combattu pour les ambitions politiques et dynastiques des gouvernants, pour les intérêts du capitalisme impérialiste.

« Cependant les aspirations sociales communes des peuples deviennent de plus en plus évidentes. Ce sont elles qui ont développé le pacifisme et l'internationalisme, c'est par elles que le socialisme est devenu un mouvement mondial, forcé à prendre dès le début la forme d'une « lutte de classe ». Mais les idéals sociaux contiennent aussi les aspirations supramatérielles des peuples. Le progrès de ces derniers est conditionné en grande mesure par la réalisation de la « révolution économique ». L'industrie et la civilisation ont continuellement progressé, même dans l'ancienne société, agitée par les luttes nationales et politiques. Quel ne serait leur développement dans une société délivrée des guerres et de l'esclavage du salariat ! » (1).

Dans la lutte sociale les intellectuels et, en général, les pacifistes, ont leur place auprès des socialistes. — Mais ils ne doivent pas oublier qu'au-dessus de la société se trouve l'humanité. Au-dessus des contingences politico-sociales il y a l'indomptable évolution de l'espèce humaine. Les idéals sociaux ne constituent qu'une partie des idéals humanitaires, de même que les idéals politiques. Les intellectuels, les pacifistes, les « combattants de l'Esprit » ont la mission de veiller à ce que les idéals sociaux ne dégénèrent point en idéals politiques. Étant les plus clairvoyants de la société, ils doivent être à la fois les vi-

(1) *Id.*, *id.*, page 152.

sionnaires de l'humanité. Le prolétariat conscient et organisé prépare la « révolution économique ». Les intellectuels, même s'ils sont socialistes, restent, par leur définition, les précurseurs de l'humanitarisme intégral, les créateurs des valeurs morales — et ceux qui projettent de la lumière sur les mystères de la vie. Ils sont les ouvriers de l'*évolution civilisatrice*, en suivant la *loi intérieure* du progrès humain, tandis que les socialistes suivent en premier lieu *la loi extérieure* de la société.

Entre l'Internationale des Prolétaires et celle des Intellectuels il y a un parallélisme concentrique. Leur action est parallèle, mais se poursuit dans des domaines superposés : la première dans le domaine matériel-social, la deuxième dans le domaine spirituel-humain. « La première est dans le cadre transitoire de la société, la deuxième dans la réalité totale, permanente de l'humanité. La première prépare l'ascension vers les idéals de la seconde. La seconde veille sur les manifestations extérieures de la société, pour qu'elles correspondent aux lois intérieures, biologiques et spirituelles, du progrès de l'humanité » (1).

C'est ainsi que le cercle du socialisme et les autres cercles de moindre rayon des autres catégories sociales, sont compris dans le grand cercle de l'humanitarisme. L'Internationale des Prolétaires et celle des Intellectuels forment l'Internationale Pacifiste. Leur tendance est de progresser vers les limites de l'humanitarisme, — et l'humanitarisme lui-même, qui, je le répète, ne peut être un moule fixe, dogmatique, — s'efforce d'étendre son cercle vers les domaines « de l'au-delà » — non pas ceux du mysticisme, mais vers les domaines positifs : vers les réalisations lentes mais tenaces du surhomme et de la surmatière...

Si quelqu'un objectait que je me suis écarté du problème posé en tête de ce chapitre : « Révolution et Pacifisme », je répondrai que ne l'ai pas évité par des exposés théoriques, mais que j'ai voulu encadrer le problème dans toutes les réalités humaines et

(1) *L'Humanitarisme et l'Internationale des Intellectuels*, chap. XIX, page 250.

faire surgir — dans la faible mesure de mes forces — une vision intégrale, au centre de laquelle la Paix radie comme un cœur qui vivifie tout. Le pacifisme absolu de l'humanitarisme est un « impératif catégorique », non seulement moral, car il est la résultante de toutes les conditions objectives d'évolution de la société et de l'espèce humaine. Je ne me suis pas situé dans le plan de l'Esprit, mais partant de la tourmente des antagonismes sociaux, j'ai voulu trouver le chemin qui mène vers les royaumes sereins de l'Esprit. « Le point fixe, l'étoile polaire, au milieu du tourbillon des passions dans la nuit » est, pour moi, en dehors de la conscience propre qui tend vers le perfectionnement personnel, cette *conscience de l'espèce* basée sur « l'organisme de l'humanité » et sur l'harmonisation des tendances individuelles par la seule lutte acceptable : la lutte *dans* et *contre* la nature. Cette lutte n'est que la captation et l'acheminement des forces naturelles et inépuisables, pour l'accroissement de l'énergie humaine en vue de la création. De la création qui, commençant par la machine, traverse les fëeriques galeries de l'art, pour arriver aux aspects cosmogoniques de la pensée et à la silencieuse musique de la prière spirituelle.

*
* *

Les débats de la Conférence de Sonntagsberg ont fortifié en moi les convictions exposées dans les pages précédentes. On a discuté presque une journée sur le rapport entre la révolution et le pacifisme, en partant de l'exposé de Mme Dr. Hélène Stöcker sur « la résistance contre la guerre en rapport avec la révolution ». L'on a fait ressortir alors à quel point est dangereux le maintien de la confusion entre les intérêts politiques et les intérêts sociaux, surtout dans le cadre des problèmes socialistes.

La résolution proposée par Mme Dr. Stöcker condamnait les préparatifs de guerre des divers gouvernements, mais à la fin elle demandait, au cas où une nouvelle guerre éclaterait, de lui opposer la « guerre civile ».

Pierre Ramus a montré (1) que la reconnaissance de la guerre civile (Bürgerkrieg) — qui n'est qu'une forme intestine, locale de la guerre — serait une flagrante négation de la Déclaration du « War Resisters International » : — « La guerre est un crime contre l'humanité. Pour cette raison, nous sommes résolus à n'aider aucune espèce de guerre et à lutter pour l'abolition de toutes ses causes ». — Ramus, qui est anarcho-communiste, attaché à la doctrine tolstoïenne et au « socialisme anti-autoritaire », a analysé le sens de la guerre civile qui a son origine dans l'histoire révolutionnaire de la bourgeoisie — laquelle poursuivait des buts de domination distincts de ceux du prolétariat. Il a demandé de remplacer l'expression « guerre civile » par « révolution sociale », qui correspond à un sens prolétaire et comporte un plus haut idéal de délivrance intellectuelle.

Mme Dr. Stöcker a retiré la résolution proposée. Pierre Ramus a prouvé que cette résolution tendait à l'association spirituelle de

(1) *Erkenntnis und Befreiung*, Vienne, nº 35, 26 août 1928.

l' « Internationale des Résistants à la Guerre » à la Troisième Internationale — qui a confirmé une fois de plus ses buts politiques à l'occasion de son VIe Congrès mondial, ouvert le 4 août, quelques jours après la Conférence de Sonntagsberg. Dans son manifeste, la Troisième Internationale a demandé que « tous les communistes et révolutionnaires, tous les ouvriers et tous les paysans progressistes se préparent absolument à transformer la plus proche guerre impérialiste en une *guerre civile*, nationale et internationale » (1). L'identité entre ce mot d'ordre et la fin de la résolution proposée par Mme Dr. Stöcker est évidente.

Si la Troisième Internationale est tellement acharnée contre la guerre capitaliste, qu'elle lui oppose la guerre civile, en glorifiant le militarisme révolutionnaire — l'Internationale socialiste (la IIe), à son tour, attachée à une tactique opportuniste (toujours pour des causes politiques), n'oppose pas une résistance absolue à la guerre, quoiqu'à son der-

(1) Cité d'après *Erkenntnis und Befreiung*, n° 35, 26 août 1928.

nier Congrès de Bruxelles l'on ait voté une « résolution énergique » à cet égard. — Le Président de la « War Resisters International », A. Fenner Brockway qui est aussi le secrétaire de l' « Independent Labour Party » (et un Conscientious Objectors qui a fait de la prison pour son activité) est arrivé à un moment donné à mettre la W. R. I. dans une difficile impasse. Voulant tenir compte de la situation « réelle-politique », le Président a dit que si la masse reconnaît la force, cela n'a aucun sens de s'y opposer, car cela n'aurait pour conséquence que « l'isolement de la masse » ; en de pareils cas on devrait marcher avec la masse et essayer de sauver la situation avec tout ce qu'il y a de meilleur sous le rapport éthique. Mais l'attitude politique de Fenner Brockway a été dominée par l'attitude purement pacifiste de la majorité. La W. R. I. a dû passer entre les rochers redoutables de la Scylla guerrière et de la Charybde révolutionnaire — et ceci est une grande leçon pour l'avenir du pacifisme. Le danger de voir la W. R. I. s'enfoncer dans une contradiction vitale, a été évité par l'ajournement de la discussion au congrès suivant. Ainsi que Pierre Ramus l'a également dit, une déclaration de principe confirmant la première Déclaration de la W. R. I., eût été préférable. Jusqu'au prochain congrès de graves événements peuvent avoir lieu — et les adversaires politiques de la W. R. I. doivent être prévenus que les pacifistes ne serviront jamais des intérêts politiques, même si ces derniers étaient proclamés par des communistes ou des social-démocrates. La W. R. I. reste pour nous le noyau de l'Internationale Pacifiste, dont le but est avant tout la suppression de la guerre, de n'importe quelle sorte de guerre — et l'établissement des méthodes pacifiques, qui constituent les seuls moyens de résoudre les conflits entre les nations et les classes.

Oui, la révolution est possible sans violence. C'est Rajendra Prassad, un ancien collaborateur de Gandhi et qui a parlé au nom de ce dernier à Sonntagsberg, qui nous l'a prouvé. Ce fut comme un souffle large et calme de la sagesse. Une voix de l'Inde bouddhiste a résonné au-dessus des voix fébriles des Européens, qui ont à supporter, plus que d'autres, l'hérédité sanguinaire et le fétichisme de la force. Prassad a parlé de la doctrine de la Non-violence — et il a montré que la puissance de l'âme, manifestée par des collectivités opprimées, est invincible. Le monstre de la guerre est impuissant devant les millions d'hommes qui se croisent les bras dans leur refus de servir les oppresseurs : refus de porter les armes, refus d'acheter les produits des capitalistes, refus de contribuer aux ressources matérielles de l'impérialisme. Ce refus désarme plus promptement et plus définitivement qu'une force armée des révolutionnaires opposée à la force armée des réactionnaires. La volonté de paix de l'âme fortifiée par l'amour, devient irrésistible, même si les mitrailleuses fauchent les premiers rangs de ceux qui luttent par la *Satyâgraha*...

Il est ainsi devenu évident que le pacifisme n'est pas une simple attitude, mais une lente et tenace préparation morale — une « désintoxication » des vieilles hérésies de la force militaire, de l'autorité de l'État, — une purification des mensonges politiques et une volontaire extirpation de la haine par la culture individuelle de la vérité, de la liberté et de l'amour. Humanisation! auto-humanisation! — tel est le commandement pour chaque socialiste, communiste, anarchiste, révolutionnaire ou religieux, pour chaque intellectuel et pacifiste, criant, chacun dans son langage : « Jamais plus de nouvelle guerre! »

Votre appel à l'union de tous les groupements d'opposants à la guerre, a été salué par les pacifistes assemblés à Sonntagsberg, dans les Alpes tyrolais. Un grand pas vers la paix a été fait. Un pas réel, plus positif que dix pactes « à la Kellogg » trompettés par la presse mondiale. Ce pas a été consacré lors de la réception faite aux délégués pacifistes à la mairie socialiste de Vienne — capitale vraiment internationale. Le représentant de la ville a répété lui aussi : *Nie wieder Krieg!...* Ce cri a retenti au soir du même jour (31 juillet 1928), au meeting où s'étaient assemblés des milliers d'hommes de toutes les classes sociales pour écouter des voix de fraternisation de France et de Nouvelle-Zélande, de l'Inde et de la Hollande, de l'Allemagne et des États-Unis de l'Amérique. Du haut de la tribune, un soldat a prêté le serment de ne plus tuer — et il a brisé son épée...

Mais, comme une justification de la lutte pacifiste, comme une confirmation du danger de guerre, caché sous d'autres masques, un incident sanglant eut lieu le lendemain, à Graz. Là devait parler, à une réunion préparée par les *Kriegsdienstgegner*, les mêmes orateurs qui avaient été acclamés au meeting de Vienne. Comme par enchantement apparurent des groupes de fascistes, des colonnes de miliciens, — l'armée déguisée du *Heimwehr*, les débris du militarisme germano-autrichien. Commandés par des officiers de réserve, les fanatiques « patriotes » et profiteurs de la violence, ont dispersé l'assemblée, en fondant sur les apôtres pacifistes avec des matraques, des fusils, des revolvers, des couteaux. Le plus grièvement blessé a été Rajendra Prassad, l'envoyé de Gandhi. Les pacifistes ne purent qu'opposer la résistance — la « résistance active ». Et *cela détermina le miracle* : les meutes fascistes, les troupeaux des « défenseurs de la patrie », n'étant pas excités par une autre violence, ne purent combattre. Leur fureur sanguinaire se calma après les premières blessures faites, bien que la police ne soit pas intervenue. L'Indien fut arraché de leurs griffes par des socialistes qui disaient : « Si nous avions eu une garde de vingt camarades armés de gourdins, l'assemblée aurait pu se tenir tranquillement... »

Mais Rajendra Prassad, après avoir été pansé, dit seulement : « Pauvres sots! Que Dieu vous donne assez de raison pour comprendre ce que vous avez fait! » C'est la compassion de l'amour, l'indulgence infinie de Jésus, exprimée après deux mille ans par un fils de l'Inde bouddhiste. C'est en même temps un renforcement de l'enseignement humanitariste. Ce « que Dieu vous donne assez de raison pour comprendre ce que vous avez fait », signifie le changement de mentalité que seule la « mutation humanitariste » peut accomplir.

Que cette mutation n'est pas un lointain désir, cela nous a été prouvé par un autre fait également arrivé à Graz, le troisième jour après la sanglante attaque du *Heimwehr*. Toutes les organisations socialistes, anarchistes, pacifistes de cette contrée se sont réunies dans une unanime manifestation contre la violence — et aucun esclave de la haine et du crime n'a plus osé troubler la solennelle assemblée où des milliers et des milliers d'hommes de ce coin de la planète avaient uni leurs âmes et leurs pensées dans la volonté de montrer qu'il n'y a pas de force brutale qui ne puisse être désarmée par la puissance solidaire de l'amour.

La parole de la Liberté est mieux trempée que l'épée — et le geste qui embrasse accroît sans cesse l'élan de la création. Le sentiment humain reste caché dans le corps de l'homme, même s'il porte encore les armures de la guerre. Pas à pas, un homme après l'autre, génération après génération, la Paix s'avance sur les ruines, avec sa blanche bannière — et ses fidèles dressent les nouvelles cités : de la Technique, de l'Art, de la Science. L'humanité s'ouvre en effet tout large le chemin de la fraternité. Ainsi que vous l'avez dit dans votre Message, *elle organise sa propre défense.* Et les Précurseurs qui lui ont donné les petites lumières qui l'ont guidée, restent dans le cœur et dans la pensée de cette humanité comme des témoins de la divinité de l'homme sur cette terre, pleine encore des obsédants cimetières de la guerre...

*
* *

Voici, cher Maître, comment j'ai cru devoir répondre à votre lettre et à votre Message. Vous m'avez fourni l'occasion d'un examen de conscience. Je l'ai fait dans la mesure de mes forces morales et intellectuelles. Et, pour cet effort d'ascension — car tel est le sens d'un examen de conscience — je vous garde toute ma gratitude.

Votre dévoué,

Eugen Relgis.

Le 10 septembre 1928.

ANNEXES

A

Texte de la première proposition pour l'Internationale Pacifiste à la Conférence de « War Resisters International » (Hoddeston-Londres, juillet 1925) :

« Il y a une question qu'on a presque ignorée. C'est la question de l'Internationale Pacifiste. Je crois que c'est une question centrale; je crois même qu'elle doit être le but permanent de toute conférence pacifiste. Vous savez qu'il y a une grande loi naturelle et sociale : c'est la tendance vers l'unité. On l'oublie souvent. Tous les groupements, ligues, fédérations pacifistes sont comme des organes qui remplissent des fonctions spéciales. Mais ces organes doivent former l'unité d'un organisme, pour harmoniser et réaliser leurs tendances. Cet organisme suprême est l'Internationale Pacifiste ; les groupes, ligues, fédérations existantes peuvent et doivent garder leur individualité, leur autonomie.

« Dans l'unité, variété! C'est aussi une loi de progrès. Mais pour réaliser l'Internationale Pacifiste, on a besoin d'une conception proclamant les idéals et les intérêts généraux et permanents de l'humanité entière. Nous travaillons tous d'une façon plus ou moins consciente pour fonder cette Internationale Pacifiste et pour lui donner une doctrine vivante et toujours progressive.

« Je nomme cette Internationale Pacifiste : l'*Internationale des Intellectuels*, parce qu'elle sera l'œuvre de l'esprit, l'œuvre des penseurs actifs — et je nomme la doctrine pour cette internationale : l'*Humanitarisme*. Ce mot contient toutes les réalisations et toutes les tendances du progrès de l'humanité.

« N'oublions jamais cette vérité : nous devons fonder l'Internationale Pacifiste suprême, basée sur l'humanitarisme intégral. Quand nous aurons cette Internationale, nous saurons que le pacifisme devient une réalité sur notre planète martyrisée » (1).

Eugen Relgis.

(1) Cette proposition est publiée aussi dans *Les Résistants à la guerre dans le monde*, éd. française, 1925, page 86 (les rapports sur la Conférence de Hoddeston) et dans mon article : *Les Intellectuels et le contrôle politique* (*Evolution*, Paris, nº 33, septembre 1928).

B

Lettre de Romain Rolland, adressée à Mᵉ Mauranges, défenseur de Georges Chevé, condamné le 7 octobre 1927, par le Conseil de Guerre de la 3ᵉ région, à Rouen, à 6 mois de prison pour refus d'obéissance à l'appel du service militaire :

« Mon cher Maître,

« J'apprends que vous devez, le 9 septembre, plaider la cause d'un « objecteur de conscience ». Je ne connais pas personnellement Georges Chevé; mais je tiens à apporter mon témoignage en faveur de l' « Objection de conscience ».

« Elle est depuis longtemps reconnue en Angleterre. Elle s'est manifestée, pendant la dernière guerre, par des milliers de refus de service; et la tradition religieuse quaker, soutenue par les plus hauts esprits anglais d'aujourd'hui, comme l'illustre philosophe et mathématicien Bertrand Russell, a réussi à imposer le respect de ces « conscientious objectors ».

« Depuis la guerre, ce grand courant d'humanité s'est répandu par toute la terre, trouvant surtout des adhérents dans les pays les plus cruellement éprouvés par la guerre : Allemagne, Autriche, Tchécoslovaquie.

« Une « Internationale des Résistants contre la guerre » a été fondée. Elle embrasse vingt États. Elle n'a aucun caractère politique. Elle se tient en dehors des partis, dont elle condamne toutes les violences. Elle est basée sur le respect de la personne humaine. Son principe fondamental, qu'aucun homme honnête ne peut rejeter, se résume en cette déclaration :

« La guerre est un crime contre l'humanité. Pour « cette raison, nous sommes résolus à n'aider aucune « espèce de guerre et à lutter pour l'abolition de « toutes ses causes. »

« J'y donne mon plein assentiment. La connaissance que j'ai de l'Europe et du monde actuel — depuis trente ans que je suis en relations intellectuelles avec tous les pays — me donne la certitude qu'une nouvelle guerre européenne serait la destruction complète de la civilisation d'Europe. J'estime donc de mon devoir, non seulement de « citoyen du monde », mais de citoyen de France, de m'opposer par toutes mes forces à la guerre, qui fatalement détruirait mon pays. Et si nous n'avons pas malheureusement les moyens d'agir sur la politique des gouvernements, nous devons donner au moins l'exemple du refus absolu à ce que nous jugeons un assassinat de la patrie même, et de l'humanité.

« Dans ma pensée, « le refus de conscience » n'est et ne doit être, en aucune façon, un lâche échappatoire aux dangers de la communauté. Il doit être un sacrifice, pour l'instruire, par l'exemple, de l'inanité de ces guerres qui, quelle qu'en soit l'issue, tourneront toujours à sa perte.

« J'ajoute que dans nombre de pays — en Suisse, où j'habite à présent — les objecteurs de conscience demandent à ce qu'on remplace légalement — et ils remplacent en fait — le service militaire par un « service civil », organisé volontairement en vue de venir à l'aide de la communauté, dans tous les désastres publics : inondations, éboulements de montagnes, routes à refaire, épidémies, etc...

« Je suis, quant à moi, tout à fait favorable à ce service de paix — (à condition, bien entendu, qu'il ne soit pas un moyen détourné de travailler à la guerre, comme par le service d'ambulances, si noble soit-il, qui n'a d'autre objet que de remettre sur pied le plus de blessés, afin de les renvoyer tuer). — J'estime que tout homme doit le meilleur de son travail, de sa vie, à la communauté. Mais il le doit pour le bien, et non pas pour le mal de celle-ci. On ne peut l'obliger à s'associer à ce qu'il sait devoir être meurtrier pour son peuple et criminel envers l'humanité. Un homme du XXe siècle n'est plus un aveugle, qui doit obéir « perinde ac cadaver ». Sa raison s'est éveillée, à son sens de la solidarité universelle. Il lui est défendu d'y renoncer.

« Veuillez croire, mon cher Maître, à mes sentiments de haute estime et de sympathie » (1).

Romain ROLLAND.

(1) Cette lettre est publiée dans *Le Semeur*, n° 112, 21 décembre 1927 et, fragmentaire, dans *Le Résistant à la Guerre*, n° 19, mars 1928.

C

H. Runham-Brown, le secrétaire général de « War Resisters International », dans sa lettre du 26 septembre 1928, adressée à Eugen Relgis, précise le fait suivant :

« ...Nous sommes arrivés à une entente générale, exprimée par notre Président, que nous devons travailler pour l'idée de l'Internationale Pacifiste, — et nous faisons les premiers pas en essayant de réunir les groupes les plus radicaux, comme la Ligue internationale des Femmes pour la Paix et la Liberté, Mouvement international de Réconciliation, Bureau international antimilitariste, Sections de la Société des Amis (Quakers) et la Guilde internationale des Coopératrices. Nous espérons, si nous pouvons faire travailler ensemble ces groupes, que cette action frayera le chemin à une véritable fédération pacifiste radicale ».

D

D'après le Bulletin de la « Commission Internationale Antimilitariste » (La Haye, n° 16, 25 juillet 1928), nous indiquons quelques organisations qui se sont prononcées pour le refus de service et de travaux militaires pour la guerre, dans le cas où celle-ci viendrait à éclater :

1920. Le congrès international des Mineurs, Genève, 1.500.000 membres.
1922. Le congrès de la Fédération Syndicale Internationale, Rome, 24.000.000 membres.
1924. Le congrès international des travailleurs du textile, Vienne, 1.300.000 membres.
1926. Le congrès des syndicats allemands, Breslau, 800.000 membres.
1926. Le parti ouvrier anglais, Margate.
1926. Le congrès des coopérations anglaises, Belfast, 5.000.000 membres.
1926. Le parti ouvrier indépendant anglais, 56.000 membres.
1927. Les corporations féminines anglaises adhérant au parti ouvrier, Huddersfield, 250.000 membres.
1927. Les corporations féminines anglaises des coopérations, Leicester, 200.0000 membres.

Voici un résumé de l'action réelle accomplie contre la guerre :

1905. Empêchement de la guerre entre la Norvège et la Suède à cause d'un appel des jeunesses socialistes (actuellement affiliées au Bureau Intern. Antimil.) en faveur de l'insoumission.

1909. Tentative en vue de faire cesser la guerre coloniale du Maroc, les travailleurs s'étant mis en grève générale par suite d'un appel lancé par Ferrer.

1918. Refus des marins allemands de mettre à la voile, alors que les amiraux, malgré la signature de l'armistice, voulaient engager une lutte désespérée .

1919. Insoumission des troupes de cinq cuirassés français dans la mer Noire, empêchant ainsi une attaque de la France contre la Russie des Soviets.

1920. Empêchement de la guerre entre l'Angleterre et la Russie grâce à l'activité des comités d'action du prolétariat anglais, qui refusent de transporter des armes et préparent la grève générale en vue d'une déclaration de guerre.

1920. Interdiction par les travailleurs de transporter des munitions en Haute-Silésie pendant la guerre russo-polonaise.

1920. Étouffement du putsch contre-révolutionnaire de Kapp par la grève générale des travailleurs et des fonctionnaires en Allemagne.

TABLE DES MATIÈRES

L'IMPRESSION MODERNE
CAILLAUX, ONILLON & Cie
21, BOULEVARD GASTON-DUMESNIL
ANGERS

[illegible]

[illegible] PARIS (VI[illegible])

[illegible] Mondiale 18

[illegible]

www.ingramcontent.com/pod-product-compliance
Ingram Content Group UK Ltd.
Pitfield, Milton Keynes, MK11 3LW, UK
UKHW021153260726
13994UKWH00001B/424

9 782329 039671